〔日〕北方雅人　〔日〕久保俊介　著

叶瑜　译

空巴

东方出版社

图书在版编目（CIP）数据

空巴：稻盛和夫手把手教你如何践行阿米巴：口袋版 /（日）北方雅人,（日）久
保俊介 著；叶瑜 译. — 北京：东方出版社，2022.1
ISBN 978-7-5207-1789-2

Ⅰ.①空… Ⅱ.①北…②久…③叶… Ⅲ.①企业管理—经验—日本—现代
Ⅳ.① F279.313.3

中国版本图书馆 CIP 数据核字（2021）第 225385 号

INAMORI RYU KOMPA written by Masato Hoppo, Shunsuke Kubo
Copyright ©2015 by Nikkei Business Publications, Inc. All rights reserved. Originally published
in Japan by Nikkei Business Publications, Inc.
Simplified Chinese translation rights arranged with Nikkei Business Publications, Inc. through
Hanhe International (HK) Co., Ltd.

本书中文简体字版权由汉和国际（香港）有限公司代理
中文简体字版专有权属东方出版社
著作权合同登记号 图字：01-2016-0863号

空巴：稻盛和夫手把手教你如何践行阿米巴（口袋版）

（ KONGBA : DAOSHENG HEFU SHOUBASHOU JIAO NI RUHE JIANXING AMIBA ）

作　　者：[日]北方雅人 [日]久保俊介
译　　者：叶　瑜
责任编辑：贺　方
出　　版：东方出版社
发　　行：人民东方出版传媒有限公司
地　　址：北京市西城区北三环中路 6 号
邮　　编：100120
印　　刷：鑫艺佳利（天津）印刷有限公司
版　　次：2022 年 1 月第 1 版
印　　次：2022 年 1 月第 1 次印刷
印　　数：1—8000 册
开　　本：880 毫米 ×1230 毫米　1/64
印　　张：3.25
字　　数：83 千字
书　　号：ISBN 978-7-5207-1789-2
定　　价：48.00 元
发行电话：（010）85924663　85924644　85924641

前　言

在与语言打交道的媒体人看来，稻盛和夫是一个语言表达能力很强的天才。

"不行的时候才是工作的开始。"

"人生·工作的结果 = 思维方式 × 热情 × 能力。"

"定价即经营。"

这些语言一针见血，表达贴切，深入人心。而且，其中的深意耐人寻味，余味无穷。就像稻盛所说："为语言注入灵魂。"他的每一字每一句都注满了"灵魂"，如心脉鼓动。这些话中，"空巴"一词令我们稍有异和感。

并且，每逢采访稻盛，他必然提及"空巴"。"在京瓷的创业期，我通过不断举办空巴，把员工们的心团结在一起。""在重建日航的过程中，每人交纳1000日元费用，经常举办空巴。"……

所谓的空巴，简单说来就是酒话会。一位顶天立地的、年逾80岁的经营者一本正经地讲述着酒话会的重要性。不过就是吃饭喝酒、说笑嬉闹罢了——起初我们不免这么猜想，可是稻盛在谈话中频繁出现这一词。这个词看起来似乎轻描淡写，其实内里是否蕴藏了神奇的秘密？这个疑问成为编著本书的原由。

这个假设完全正确，不，应该说远远超出了我们的想象。

只要践行"稻盛流的空巴"，一群毫无干系的员工竟然能团结一心，成为火一般的团队。大多频繁举办空巴的企业业绩大幅提升。空巴并不是单纯的酒话会，而是产生巨大能量的源泉。迄今为止，空巴的重要性被隐没在阿米巴经营和经营哲学的背后，事实上没有空巴，稻盛式经营就难以成立。

有多少人单凭表面的泛泛之交，就自以为与对方心有灵犀。凭这种脆弱浅薄的组织，又怎能战胜难关。"大家一边喝酒，一边敞开胸怀，说出心里话。"——在"空巴"这两个干脆利落的文字之间，似乎饱含着稻盛那急切的情感。

在过去的管理书籍中，也许没有深入研究酒话会的先例。然而，我们并不打算标新立异，而是觉得迄今为止竟然没有人发现酒话会对经营的价值，真是不可思议。

事实上，在到企业采访的过程中，我们经常遇见这样的实际情况：采用相同经营手法的两家公司，A公司业绩提升，效果显著，而B公司则没有多大变化。A公司和B公司的差异在哪里呢？究其根本，差距还是在组织的凝聚力上。经营成功与否，取决于看不见摸不着的人心。而在意识领域的经营中，既有最近备受关注的"理念"这一高尚的部分，也有"空巴"这一充满人情味的部分。这个视角极为重要。

谨以此书再次向稻盛经营哲学的革新精神聊表敬意，祈望能为今后的经营理论带来新的方向。

目 录

第一章　什么是稻盛流的空巴 | 001

第二章　稻盛流空巴的七大秘诀 | 035

1. "全员参加"是大原则 | 037

2. 为空巴设置主题 | 041

3. 确定"时间表"和"座位表" | 045

4. 心存利他，不允许自斟自饮 | 052

5. 讲述宏伟的梦想 | 055

6. 用自己的语言总结 | 058

7. 要每日完善空巴的形态 | 062

第三章 走近稻盛流空巴 | 067

1. 昭和住宅——以"硬、软、硬"促进富有建设性的讨论 | 069

2. 共信冷热——以二段式空巴培养年轻员工 | 080

第四章 空巴改变了我 | 093

1. 三和化工纸——女社长领悟的空巴成功境界 | 095

2. 花丸——软性子的社长凭靠空巴凝聚团队 | 108

3. LEGS——空巴的能量让社长觉醒 | 120

4. DUKS PARTNERS——令落榜生改头换面的"终极大家族主义" | 129

5. 403公司——克服半途而废的危机，打造以临时工为主角的空巴 | 140

第五章 解决导入空巴的烦恼 | 155

Q1 我不会喝酒怎么办？ | 157

Q2 空巴费用负担大，怎么办？ | 160

Q3 分公司在外地怎么办？ ｜162

Q4 开车上下班的员工比较多，不能喝酒怎么办？ ｜165

Q5 说真话导致争吵怎么办？ ｜167

Q6 资深干部抵制空巴怎么办？ ｜171

Q7 员工不愿意参加空巴怎么办？ ｜175

Q8 员工不肯透露心中的苦恼怎么办？ ｜179

Q9 频繁举办空巴，但理念迟迟无法渗透怎么办？ ｜183

结束语 ｜189

译　序　空巴体现经营者对员工的爱 ｜193

第一章

什么是稻盛流的空巴

你知道稻盛流的空巴吗？

这是稻盛和夫大约在 50 年前自创的酒话会，它使员工的思维方式和组织形态焕然一新。"为什么无法与部下同心同德？""为什么组织无法凝聚？"年轻的稻盛在苦思冥想之中发明创造了酒话会。让我们一起深入稻盛经营，揭开这未曾公开过的奥秘。

京瓷总部矗立在从京都站往南驱车 15 分钟左右的地方。

由于离市中心有一段距离，20 层的京瓷大厦周边找不到更高的建筑物。大厦的 1 层、2 层是中空挑高的设计，是收藏着毕加索、东山魁夷、平山郁夫等大名鼎鼎的画家作品的美术馆，以及展示京瓷事业发展历程的京瓷精密陶瓷馆，3 层到 20 层是办公楼。

身为创业者及名誉会长，稻盛和夫在每个月的 10 号左右会来到这幢大厦的名誉会长室办公。

稻盛和夫兼任日本航空（JAL）的名誉会长、KDDI 的最高顾问，担任稻盛财团理事长（稻盛财团是表彰科学、艺术领域颇有成就人士的"京都奖"的主办机构）。而且，稻盛还是在全国拥有约 9000 名塾生的"盛和塾"塾长，十分繁忙。

因此，只要稻盛一到公司，久候的秘书及总务相关的员工就会接二连三地递上文件，而出乎意料的是，80 多岁的稻盛，凭借与其年龄不相称的敏锐，干脆利索地就做出了正确判断，并明确提出了要求。

如此繁忙的稻盛，每月都会到12层，参加董事群集的一场活动。京瓷总部大厦的12层，一间巨大的"和室"静踞其中。

和室的榻榻米数正好是100张。这个完整的数字似乎在宣告着这个房间的非比寻常。

在这一层，在一排静谧的会议室最深处，悠然静谧地伫立着一间100张榻榻米大小的大开间，初次看见它，都令人情不自禁地有一种穿越异空间的奇妙感觉。

京瓷的人们到底用它来做什么呢？

答案是举办"空巴"。

空巴这个词，很容易让人联想起学生之间的聚餐，或是男女相亲的联谊会。京瓷的空巴从广义上也相当于聚餐，但决定性的差异是它的定位。

稻盛这么说过："所谓空巴，是我和员工之间坦诚交流的场所，同时也是让员工理解我思想的重要场所……自从创建公司以来，只要一有机会，我就举办空巴，在轻松愉快的氛围中，与员工推杯换盏，促膝谈心，谈人生，谈工作。"（出自《稻盛和夫的实学：创造高收益》）

尽管是酒会，却是非常认真的酒话会。它能够让人尽兴，但却绝不是抱怨上司、公司，宣泄情绪的地方。经营者和员工、上司和下属、同事之间相互敞开心扉，相互交流工作上的烦恼和窍门，真诚地讲述人生态度。稻盛流空巴就是通过喝酒交流，使每个人的人格都得到成长，使组织团结一致，坚如磐石。

发高烧打针也要参加空巴

稻盛在京瓷的发展过程中，有效地运用了空巴，且卓有成效。

位于京都山科的旧总部 5 层也配备了一间宽敞的和室。全国主要的业务机构必定设有和室。稻盛在这些和室之中，与员工们围坐在一起喝酒。在举办忘年会的12月，他几乎每天都要出席空巴，即使感冒发高烧，输液也要坚持喝酒，简直就是舍命相陪。现在每逢全集团董事集合的月份，稻盛仍然一次不落地亲自出面，参加"董事空巴"。

董事空巴在100张榻榻米的和室中举行，以隔扇把和室一分为二，每个空间50张榻榻米大小，一半用来放置行李。整个集团的董事大约有50人，把100张榻榻米的面积全部用上会更宽敞，然而他们并没有这么做。

我们询问了现任京瓷社长山口悟郎，他这样回答："在窄小的地方挤在一起才更加亲近。大家肩并着肩，膝碰着膝，在同一个锅里夹菜。喝醉了之后，连杯子都混在一起，分不清楚哪个是谁的，这么两三次下来，任何人都会亲近起来。这才是空巴啊。"

这样浓郁的人情味，仿佛并非来自一位销售额高达15000亿日元的大企业社长。不，正因为打造了这样一群洋溢着人情味的管理团队，京瓷才能有这样了不起的成就。值得一提的是，董事空巴基本以火锅为主，不仅仅在冬季，连夏季也如此。小菜可以是夏季的风味，但主菜一定是鸡素烧或者涮锅。为何一定要局限于火锅料理？这是为了大家能在一个锅中同食，彼此能进一步加深感情。

各部门的"崛起空巴"

稻盛构筑的空巴传统已经入木三分地渗透到京瓷内部。12层的和室的预订日程排得满满的。

祝贺部门目标达成，为进步而誓师的"崛起空巴"；跨部门的项目小组和各种委员会的空巴等，员工们从各种各样的角度，夜复一夜地聚集在和室中推杯换盏。

"这次会议之后举办空巴吧！"

"好啊，好啊！"

每当有会议、聚会的时候，或者为了增强部署的凝聚力，很自然地就会策划空巴。一些担任管理职务的人，甚至一周的每个晚上都排满了空巴。

在和室中举办空巴的时候，一般从员工食堂预定酒菜。只要告诉对方人数及预算，就能吃到美味而价格实惠的菜肴，十分方便。

当和室被排满的时候，空巴也会在市中心的居酒屋或者会议室举行。会议室在5点半下班之后，也可以用来举办空巴。

在会议室中举办空巴，需要自带罐装啤酒和零食。有时还会拿出生意伙伴赠送的礼品。京瓷考虑到在中元节或者年末总会收到"给公司而非个人"的谢礼，就制订了把收受的礼品上交给总务部的规定，员工也都坚决执行这一规定。总务部按照这些礼品的有效期先后，把它们提供给各部门，作为空巴的下酒零食。

探寻稻盛空巴的起源

稻盛自己意识到空巴的重要性是在1959

年创业不久之后。

"我已经记不太清楚什么时候开始有这种感觉，大概在举办犒劳慰问会、员工旅游等活动时，几杯啤酒下肚，大家就能打开心扉，畅所欲言，而我说的话也很容易被他们接受。有了几次这种体验，我就不正儿八经地板着脸向部下讲述哲学，而是设立'空巴'，让自己和对方都在轻松的氛围中交谈，这样来渗透自己的哲学。"（出自《稻盛和夫：什么是经营者》）

这次，我们采访到了对稻盛流空巴起源知根知底的人物，他就是京瓷前董事小山倭郎。

小山在京瓷任职董事之后，历任 KDDI 执行董事、顾问，在 2006 年退休。小山进入京瓷的年份是 1965 年。当时，稻盛还是公司的专务。

京瓷的前身京都陶瓷并不是稻盛自己出资创办的公司。稻盛曾经在京都绝缘瓷瓶厂松风工业工作，担任技术人员，因为与上司意见不合而辞职。正在稻盛打算离开日本，到熟人所在的巴基斯坦工作时，一些支持他的人伸出援手，共同出资，在 1959 年为稻盛创办了公司，这就是京都陶瓷。这家公司实际上的社长是稻盛，所以许多人误会京瓷是稻盛创办的，以为他一开始就担任社长。公司创建 7 年来，稻盛先是担任董事兼技术部长，之后担任专务。

小山是不可多见的、对稻盛的专务时代知根知底的人物。采访地点约在直通京都站的 GRANVIA 酒店，小山不迟不早，在约定时间的前 5 分钟到达。他从岗位上退下来之后，担任了京瓷 OB 会（由退休人员组成的类似工友会一样的组织——译者注）的管理干部，和当地的朋友一起打打乒乓球，过着悠闲自在的生活。

"稻盛先生是个一丝不苟的人。以前，他从墙壁的这头到那头拉一根笔直的线，让我们比着这根线把办公桌摆放整齐，丝毫不能错位。资料也必须比着办公桌的四条边平行放置，这已经成为我的习惯。比如乒乓球桌的位置如果与墙壁不平行，我就会浑身不舒服。今天早上打球的时候，我还忍不住把乒乓球桌挪整齐了（笑）。"

京瓷的高层——包括历任社长，大多十分平易近人。以前，我听京瓷的人说，京瓷在选拔高层时，固然要有能力和实绩，但更重视的是人品。大概小山也是其中之一，整个采访过程始终气氛融洽平和。

——小山先生，您还记得第一次参加的空巴吗？

小山：记得。我参加了两个星期的新员工集训，最后一天晚上举办了空巴。那时稻盛先生还是专务，还有同期加入公司的 11 个人，我们围坐在一起，也就是所谓的"围坐式"，开了 3 个小时的酒话会。学生时代，我们经常喝酒聊天，想不到在公司里也有酒会，我有一点吃惊。

——那是距今 50 年前的事了吧。在那次空巴上，稻盛先生讲了什么？

小山：他在我们面前宣称"首先成为（京都的）中京区第一，然后是京都第一，日本第一，要成为世界第一的陶瓷公司"。当时京瓷还是中小企业，拥有200名出头的员工，一个月销售额为2000万日元。

稻盛先生还说道："虽然有句话叫作'不言实行'，但我认为'有言实行'更恰当。只做不说，是利用周围人对自己的承诺一无所知，而给自己留下了逃跑的退路；但是，假如'有言实行'，就必须说到做到。要向周围的人讲述梦想，说自己希望这样做，与大家一起向梦想迈进。尽管这是一条崎岖的道路，但我希望和你们一起实现梦想，成就世界第一的陶瓷公司。"

——新员工们都有什么反应？

小山：当时的整个氛围是绝对要成为世界第一，发自内心地要成为世界第一的公司。3个小时中，大家一直热血沸腾，群情激昂。稻盛先生经常讲"言灵"这个词，意思是"必须为语言注入灵魂"。

当时的空巴也是如此，我们这些新员工被稻盛先生的话语深深地吸引住了。而且他还让我们讲述自己的梦想，侧耳倾听我们的心声。尽管他一个人面对我们 11 个人，但我竟然觉得像在和他一对一地共振，这种感觉真的十分奇妙。

——这与学生时代的聚餐性质完全不同吧？

小山：是的。每次空巴都必须设立主题，供大家交流讨论，决不能谈论与主题无关的事情。还要找人把大家发表的意见记下来，反复讨论，逐渐深入话题。稻盛先生常告诉我们："可以一边吃一边喝，但要竖起耳朵，集中精神听别人讲话。"

在培训结束后，同期或同部门的同事也经常举办空巴。稻盛先生出席的空巴大概一年有四到五次。有时，年龄相仿的同事之间还会发生争论，各执己见，十分激烈。而稻盛先生也会仔细聆听我们的谈话，让我们自由发表意见，最后才指出"应该这样思考，这样做比较好"，为我们指明方向。

构建人际关系为何需要喝酒

——我想在白天稻盛也会给员工做各种各样的讲话吧！这种讲话与他在夜晚空巴上的讲话，有什么不同？

小山：在白天开会的时候，他也会讲"要实现世界第一"，但是白天的讲话还是有单方面训话的感觉，无法形成双方的互动。几杯酒下肚，大家就开始说真心话了。酒成了润滑油，带出了人的真性情，这才能从真正意义上形成人与人之间的交流。因此，空巴的互动与白天的讲话相比，接受程度完全不同。

——您印象比较深的空巴是哪次？

小山：在我 26 岁的时候，公司在鹿儿岛的川内市兴建工厂，我自告奋勇去做拓荒牛。尽管工厂顺利开了工，但两三年后，却在开始研发显示管用板时吃了不少苦头。试制的样品不尽如人意，身为团队的带头人，我着急得连晚上都睡不着觉。

有一天，稻盛先生突然从京都飞到了鹿儿岛。

他招呼我们一起去游泳。"交货期迫在眉睫，现在不是游泳的时候。"我正打算回绝，他说："没关系，走吧！"带着一线的主管们去附近的海边。我们在海边拾蛤蜊，生火烤食。稻盛先生单手拿着一罐啤酒说："就算脑子被工作塞满，心灵也不能失去从容。"

当精神高度紧张时，是不会想出好点子的——稻盛先生专程从京都赶到鹿儿岛，就是为了告诉我张弛有度的重要性。他在海边举办的酒话会上，告诉了我这一点。

——他发现了您的苦恼吧。

小山：每当举办空巴的时候，稻盛先生一定要亲自巡遍所有酒桌，给大家斟酒。而且，对不同的人，他的讲话方式不同，口气也不同。如果对方是新员工，他会把身段放低，用与对方相同的视线交流。在一次过夜的空巴中，正当大家准备熄灯睡觉时，稻盛先生竟然带头玩起了扔枕头大战。

稻盛先生还经常跟我们一起唱军歌。他最喜爱的军歌是《战友》《爱马进军歌》。《战友》是表达军人之间友情的歌曲，《爱马进军歌》则让人联想上司与下属之间的关系。稻盛先生在空巴上认真地讲话，还不时展现亲和的一面。他就是如此走进人们的心里，引领着大家向前进。

——您所说的"引领"具体指的是什么？

小山：就是使人的人格成长。稻盛先生在空巴席间，一而再再而三地向我们讲述"京瓷哲学"。诸如"作为人，何谓正确？"的京瓷哲学是稻盛先生思想的集大成。"付出不亚于任何人的努力""必须做出正确的判断"，这些话我们听得耳朵都起茧子了。

可是，尽管是老生常谈，但不同的场合有不同的表达方式，而我也因为不断成长，领会的层次也有所不同。所以，听得多了，慢慢地深入心中，逐渐地，这些道理不仅仅记在了脑子里，还反映在实际行动上。稻盛先生这么说过："知识固然重要，但仅仅记住知识是不行的。必须把知识变成智慧。"

——就是要哲学共有，把哲学渗透到深层次，对吧？

小山：稻盛先生说过："你们要成为哲学的布道者。"通过空巴，打造更多自己的分身，统一全组织的思想，形成合力。对了，稻盛先生把这种手法称为"空巴经营"。

以酒为媒，实现灵魂的交融

稻盛是如何把空巴变成京瓷发展的原动力的，我们从小山的描述中可窥其一二。在职期间，小山连休息日也要连轴转，持续工作，和幼小的孩子只能偶尔见面，孩子看见他甚至都认生。虽然没有宣之于口，但当时的小山为了稻盛，即使赴汤蹈火也在所不惜。稻盛的空巴就是如此强有力地把人与人紧密地联系在了一起。

单凭频繁开会研究战略战术，并不能保证结果。因组织能力的差距，效果往往在 -100 到 100 之间徘徊。既然公司是人的集合体，这是理所当然的结果。

正因为如此，组织必须打破经营者与员工、上司与部下之间的壁垒，构筑人与人之间的情感，发自内心地相互认同、尊重。稻盛独具远见卓识，在创业后没有多久便体悟了这个真理，创造了独特的空巴经营。

"构筑信赖关系为何一定要举办酒话会呢？""假如想与员工沟通，可以在白天开会讨论，或进行个人面谈。空巴和这些方法有什么区别？"也许有人会心中疑惑。特别是近来，人们"不希望在工作之外的时间和公司的人打交道""不希望别人随意介入自己的私生活"，越来越多的人不参加公司的聚餐。

但是，就像小山印证的一样，白天在办公场所交流，和在空巴中边喝酒边谈话交流，即便话题完全相同，交流的层次却完全不同。

稻盛说过，"不分上下，社长也放低身段，与员工平起平坐，一边斟着啤酒，一边吃着饺子，不分彼此……在这种场合，大家都敞开心扉，真心交谈，员工也能体会经营者的心情，从而提供协助"。（出自《稻盛和夫：什么是经营者》）

以酒为媒，让人与人的灵魂相互交织融汇，由此诞生出坚不可摧的信赖关系。

空巴体现对员工的爱

稻盛在京瓷刚刚创立的时候，也曾经把"让自己的陶瓷技术问世"作为经营目的。可是，员工对刚成立的公司的未来没有安全感，于是通过集体谈判，逼迫稻盛改善待遇，事态严重。

这时稻盛醒悟了。

"企业中最重要的是，让员工们觉得'能加入这个公司真是太幸运了。将来的生活一定有保障'。'稻盛和夫的技术问世'这个目的并不能令员工满意，也不能让他们追从。"（出自《稻盛和夫：什么是经营者》）

因为这次经历，在创业后的第3年（1961年），"在追求全体员工物质和精神两方面幸福的同时，为人类社会的进步发展做出贡献"这一京瓷经营理念诞生了。为了员工的幸福，经营者不怕牺牲，竭尽全力，拼命努力。员工也因为相信这一点而誓死追随。毫无疑问，空巴正是为了向员工传达这一思想而打造的场所。

空巴是为谁而举办的——如果没有把握好这一主轴，稻盛流空巴就会陷入机能不全的境地。稻盛向某盛和塾塾生吐露的至理名言，揭示了这个问题的答案。

"空巴体现对员工的爱。"

稻盛讲这一句话的对象就是 Paradise Plan 的社长西里长治。

西里以冲绳县宫古岛市为根据地经营制盐业。他制造的"宫古岛雪盐"富含矿物质成分。近年，其盐专卖店"盐屋"正遍布全国。西里开始举办空巴是在加入盛和塾的第二年——2005 年。西里被稻盛的原理原则所吸引，开始鹦鹉学舌地向员工讲述稻盛哲学，并尝试在居酒屋举办空巴。

"要制定高远的目标。困难越大，工作越有价值。"

"我希望与各位建立家人一般的关系，大家一起团结起来吧。"

可是，西里的想法不但没有被接受，还遭到了员工的强烈抵触。

"社长，话说得那么好听，您自己又做得怎么样？"

"对啊。不要再每天发那些啰啰嗦嗦的日报了，那么想写大道理，等退休以后出本书吧！"

在空巴席间，不知道什么时候开始，怒骂声此起彼伏，人们拍桌打凳，相互指责，简直变成了一个修罗场。在场的一位女员工哇的一声哭了起来。

希望把公司经营得更好，希望把宫古岛的盐送到更多人手里——这种真挚的想法为何员工们无法体会？

①让领导者的方针渗透到组织

②以深厚的信赖关系为基础，构筑强有力的组织

③每个人扪心自问自己的人生、工作态度，在人格上获得成长

苦闷中的西里在盛和塾例会上，向稻盛讲

述了事情的来龙去脉，请教"怎样才能开好空巴"，稻盛的回答是"空巴体现对员工的爱"。

西里这么说道："我本来问的是举办空巴的技巧，比如要怎样才能让员工认同空巴，人数要控制在多少，谈话的内容是什么，塾长是如何实际操作的，我本来希望塾长告诉我这些。可是塾长却一句话顶过来：'不是的，空巴体现对员工的爱。'的确，我只顾把自己的理想强加给员工，对员工的爱并不够。从那一天开始我扪心自问，到底对每一个员工倾注了多少感情。"

"大家族主义"的含义

那么，稻盛所说的"对员工的爱"有多深厚呢？一位叫阪和彦的资深盛和塾塾生的故事给了我们一些启发。

阪先生在福冈县直方市经营着一家叫作ASUKA CORPORATION 的电镀加工工厂。他加入盛和塾的时间是 1996 年，加入的缘由是被从朋友那里借来的稻盛演讲磁带中的一段故事深深地震撼。故事的内容是这样的：

在一个夏季的周六，一天的工作结束后，稻盛邀请了十几个员工搭乘出租车或驾驶车辆，分头前往滋贺县琵琶湖游玩。在路上，偶然与暴走族产生了摩擦，原因是一个驾车的员工说了一句"你们差一点儿撞到我的车了"。

暴走族正要围殴这个员工，就在这一刹那，稻盛一把抓起身边的一个啤酒瓶，挡在暴走族的面前，叫喊道："有胆子就放马过来！"

暴走族慑于稻盛的气势，灰溜溜地离开了。阪先生感慨："在演讲中，这一段故事不过只有 1 分钟，但却使我大为震撼，醍醐灌顶。原来，经营者必须拼上性命保护员工啊。"

稻盛所说的爱，坦白讲，就是把员工当作家人。

家人能相互包容而一无所求，家人能以对方之喜为喜，以对方之悲而泣，家人能为对方两肋插刀。稻盛认为，经营者和员工之间的关系，应该超越资本家和劳动者之间干巴巴的两极关系，而应该形成家人一般的关系。

因此，正如父母无条件地保护孩子的生命一样，经营者必须做好为员工死不足惜的决心。京瓷哲学中所记载的"大家族主义"，从文字上容易产生以公司为家的印象，实际上决非如此简单。

正因为拥有深沉的爱，才能严格地要求员工。事实上，在创建公司不久，稻盛就在空巴中向年长的员工挑起论战。

"所有人都有固有观念，出生背景、成长环境都完全不同。成长到现在，思维方式也完全不同。要让一个人改变既有的思维方式，绝非一朝一夕之功。不，即便对方明白了，也不可能做到同心同德。年龄愈大的员工，越认为我年纪轻轻，阅历不深，不管我再如何苦口婆心地讲，也不肯听从。我虽然十分为难，但仍然鼓起勇气，向这些人讲述自己的想法。

"对待故步自封、执迷不悟的人，必须打破他们的思维方式，让他们蜕一层皮。为此，我在空巴之类的场合挑起论战，对这些人当头棒喝。我这样做，是让他们明白，他们的思维方式是如何地荒唐任性、毫无道理，使他们改变思想。为了使他们思想蜕变、理解哲学，粉碎他们的思维方式，我可谓是拼上了一条命。每当搞活动我必然举办空巴，在空巴席间，我与他们争论，也就是通过在哲学上的碰撞，驳斥那些拥有孤寡鄙陋、自私自利思想却执迷不悟的人，拼尽全力地让他们改变。"（出自《盛和塾》第 113 期）

"粉碎"这个词虽然有点粗暴，但这正充分体现了稻盛的爱。

职场中假如有人与自己不合，就随他去吧！

对方比自己年长，就不要坚持己见吧！

可是，凭借肤浅脆弱的人际关系构建的组织不可能挑战艰巨的目标。不是表面上你好我好，而是不管耗费多少时间，也要坚持与伙伴交换意见，直至对方真正发自内心地认同。只要把对方当作家人，就能做到这一点，稻盛这么想。因此，在真正的稻盛流空巴中，在场的人们时常会感动得潸然泪下。

阿米巴经营和空巴的关系

稍微了解稻盛经营哲学的人都应该听说过，稻盛经营哲学由哲学和阿米巴经营两大支柱组成。阿米巴经营就是把组织划分成小单位（阿米巴），靠各个小单位自行进行每日核算管理，这是稻盛构思的经营方法。

高深的哲学与彻底的数字管理——被称为"日本资本主义之父"的涩泽荣一曾经用"论语和算盘"来表现企业经营中最重要的因素，这个思想与稻盛式经营的两大支柱高度一致。在这两大支柱之中，在向员工渗透哲学方面，空巴卓有成效，这一点比较好理解。另一方面，以数字管理为主的阿米巴经营和空巴猛地看起来似乎并没有什么关系。

但是，其实这是误解。要成功导入阿米巴

经营，空巴是必不可少的工具。

阿米巴内部或各阿米巴之间，如果成员之间不协调，就难以通力合作实现数字目标。为了与伙伴同心同德，团结一致，就必须举办空巴。事实上，从事阿米巴导入咨询的京瓷的子公司 KCCS 管理咨询公司（KCMC），就负责为企业的空巴实施提供指导。

在阿米巴经营的研习会上，历时 3 个月的课程之后，KCMC 和学员们就会一起吃火锅，举办空巴，进行实地指导。而且这家公司的咨询顾问还为签订了咨询协议的企业提供手把手的空巴指导。在阿米巴经营实践手册中，竟用整整两页来讲解空巴的举办方法。空巴是支撑哲学和阿米巴经营这两大支柱的基础，如果没有空巴，稻盛式经营无法成立。

森田和稻盛一样毕业于鹿儿岛大学。毕业后，他于 1967 年加入京瓷，主要负责构建阿米巴经营及建立、推动信息化系统。1995 年，他被委任对外销售京瓷的不传之秘——阿米巴经营。在重建日航时，他以副社长的身份，带头导入阿米巴经营，被称为"阿米巴经营的传道士"。而就是这样的森田回忆道"空巴曾经救过我"。

曾是新员工的森田被分配到工厂，负责给客户开具出货单。在那个时代，计算器还没有普及，靠算盘计算三四位数乘法运算，这对森田而言十分吃力。森田才开出一张出货单，其他算盘打得好的女事务员已经开好三张。森田在工作中找不到价值感，每日闷闷不乐。

那时，森田最期待的就是，每月和同期员工一起举办空巴。在刚进公司时，劳务课长曾经提过这样的建议。

"每月同期加入公司的员工都要举办空巴。但是，如果仅是同期员工聚在一起，很容易抱怨公司和上司，所以一定要邀请资深的前辈出席，有什么问题可以问他们。当然，也可以叫上稻盛社长。"

森田和同期的员工共 11 人遵守了这一教导，每月都举办空巴，并且邀请工厂厂长等人参加。

"听着，森田，专注于眼前的工作，才能为你的人生打好基础。"

受到前辈的鼓励，森田对工作和人生都变得积极了。可是，从空巴的第二天开始，激昂的精神又在日常的繁琐工作中逐渐委顿。积极性忽高忽低。可是，在重复举办空巴的过程中，空巴后士气低下的情况逐渐减少，在进入公司1年左右的时候，他终于能时常保持精神饱满，士气高昂。

"进入公司第一年，空巴为我对工作的态度和人生观奠定了基础。我对那些出席空巴的人们感激不尽。"

空巴中，人生观和工作态度都得到了培养。森田通过自身体验掌握了空巴。在开始从事指导阿米巴经营的工作之后，他积极地传播空巴之道。而重建日航时，每当出席员工们的空巴，他总是想起过去的自己，坚信只要把空巴坚持下去，人心就一定会改变。

把空巴移植到 JAL

2010 年 2 月，稻盛以年近 80 岁高龄出手重建破产的日航，后来使日航重新上市，这令人记忆犹新。

起初，周围的人都认为这是"火中取栗"，会"晚节不保"，纷纷阻拦。以日本的代表性国有企业为背景的 JAL 中充斥着官僚主义，干部和员工、总部和现场、部门之间毫无集体精神，各自为政，组织僵化，稻盛再了不起也无力回天。可是，稻盛却发起了挑战。

稻盛首先从经营层的干部入手，着手推行领导者教育。在培训结束后，直接进入空巴环节。他制定了与京瓷相同的经营理念"追求全体员工物质和精神两方面的幸福"，并为此全力以赴。他苦口婆心，循循善诱，希望员工干部认同并追随。他还亲自赶赴一线，与员工举办空巴，激情四射地讲述自己重建日航的想法。就这样，日航一边统一意识，推动改革，一边在森田的指导下导入阿米巴经营，贯彻效益核算管理。结果业绩呈 V 字形恢复。

稻盛回忆当时的情景时，这样说道：

"我和部下们举办空巴，可以说到了频繁的程度。在工作结束之后，晚上 6 点左右，大家在桌上摆放罐装啤酒、鱿鱼干和花生等零食，干部和员工每人交 1000 日元。然后大家坐在一起相互讨论、印证前面学到的哲学。

"起初，也有日航的员工认为'空巴没什么了不起'，而后来这种想法全部被推翻了。不管是干部、乘务员还是维修人员，大家混在一起，每张桌子围坐六七个人，举办空巴。我也参与其中。'你是从哪里来的？''我是从北海道分公司来的。'就这样不管是社长、会长，还是专务，大家畅所欲言。就这样周而复始，推进意识改革。"（出自《稻盛和夫：什么是经营者》）

现在，稻盛流空巴迅速地渗透到日本企业中。

日航重建的成功证明了空巴对大企业依然行之有效，而稻盛的观点认为，它在中小企业中更应该受到重视。与大企业相比，中小企业的经营资源有限，人、财、物匮乏，只能把组织力最大化，否则无法应战。在中小企业经营者汇聚的盛和塾例会上，稻盛一边喝酒一边解答塾生的疑问，正是空巴的最好示范。

从下一章开始，我们以盛和塾塾生导入空巴的案例为基础，深入剖析稻盛流空巴。切勿对空巴不以为然，空巴经营拥有彻底颠覆组织的力量。

第二章

稻盛流空巴的七大秘诀

导入稻盛流空巴的公司，业绩无一例外地都得到了提升。空巴到底与单纯的酒话会有什么区别？空巴与会议又有什么根本性的差异？稻盛流空巴虽然没有成文的规章仪式，但从盛和塾塾生的践行实例，我们提炼出七个秘诀。

1. "全员参加"是大原则

单纯的酒话会是自愿参加，但稻盛流空巴是构筑信赖关系的重要场合，因此，它的原则是目标对象全体出席。除非是生病或哺乳，或是要照顾家里的病人，其他所有个人的私事都要给空巴让道。即使手头还有工作，也要优先参加空巴。从盛和塾塾生的实际案例来看，大多数空巴是一个成员也不缺。因为，全员参加是空巴的大前提。

在京瓷，空巴自然不必说，所有的活动都要求全体成员参加。稻盛先生这样说道："为了创造机会，让所有员工都能参与，我花费心思举办空巴、运动会、公司旅行、慰问会等，创造能真心交流的场合。然而，每当要举办这些活动的时候，必定有人说：'跟年轻人在一起，吵吵闹闹的，太无聊了。'可这时我说：'任何活动如果不是全员参加就没有意义。现在把你们集合在一起，并不是叫你们来玩耍，更重要的是让你们一起来感受这种气氛。'把'全员参加'作为举办所有活动的铁则。"（出自《盛和塾》第 29 期）

酿造空巴文化

稻盛流空巴不是玩耍，而是在同一家企业中共事的全体成员构筑良好人际关系、共同考虑公司发展、考虑大家如何获得幸福的地方。从奠定公司基础的角度而言，可以说它比白天的工作还重要。

正因为如此，首次导入空巴时必须讲述举办空巴的目的和意义，讲述全员参加的必要性。如果有人请假，领导者软硬兼施，有时甚至无情训斥，也要让全体成员出席。

即便只有一个人不愿意参加，那么从一开始就不要举办空巴比较好。稻盛流空巴要求领导者具备"无论如何全员要在一起相互交流"

的执着精神。没有执着精神，空巴就发挥不出机能。之所以会有人缺席，是因为经营者缺乏这种执着精神。在这一点上，空巴与普通的酒话会截然不同。

住宅公司昭和住宅（兵库县加古川市）的湖中明宪社长在刚开始举办附带空巴性质的员工旅行时，曾经怒斥过想缺席的员工："你以为举办员工旅行是为了什么！？是去加强上司、同事、部下之间的交流。"半拖半拽地强行让员工参加，使全员参加的原则在公司扎根。领导者必须具备这种程度的热情。

或许，在刚刚导入空巴时，空巴的意义还未渗透，常常一波三折，伴随着许多苦恼。但只要反复努力，努力让全体成员参加，就一定能形成"空巴文化"。

从事商用房地产买卖的阳光前线不动产公司甚至在招聘员工时先与对方确认："我们公司有空巴文化，你能接受吗？"全力贯彻稻盛流空巴，并把其意义渗透给全体员工。在部门单位的活动之后，或是在生日会、培训会、运动大赛等活动之后，立马举办空巴。

堀口智显社长谈道："在任何空巴上，经营者都应该推心置腹地讲述自己的想法，与员工们认认真真地、面对面地讨论应该这样、应该那样。这样坚持下去，就能培养出以认真讨论为乐的土壤。只要形成这样的空巴文化，全员参加自然变得理所应当。"

是一顿胡吃海喝后作鸟兽散，还是打造稻盛流空巴的文化——最开始，最大的分水岭取决于全员参加的贯彻程度。

2. 为空巴设置主题

盛和塾塾生在实践空巴时，都设立"主题"。不了解稻盛流空巴的人在空巴开头听到"今天空巴的主题是……"的宣告时，都会大吃一惊。主题没有限制，既可以是"怎么做才能达成某某数字目标"这种直接与业务相关的内容，也可以是"怎样才能具备利他之心"这种哲学性的内容。

如果没有主题，话题就会变得散漫无边，往往容易变成单纯的酒会。为了避免走样，稻盛流空巴不但要设立主题，而且还要确立负责推动进程的主持人。为了使讨论围绕着主题开展，并且方便之后回顾，有些空巴还会做现场记录。同时，预先告知员工们空巴主题，员工们也能归纳自己的想法，便于让一些性格内向的人也能发表观点。为了不让任何一个员工成为旁观者，设置主题十分重要。

设置主题，并一本正经地讨论——这样的话，举行会议不是更好吗？有些人也许会这么想。可是，两者完全不可相提并论。

会议的讨论通常比较理性，按部就班，直线推进。与此相反，空巴的讨论却基于感性推进。既可以说："白天的会议你虽然这样说，但我认为还是应该这样考虑才对。"也可以直白地表达："你难道不想赢吗？"组织如同有感情的生物，蠕蠕而动，即便讨论同一个主题，会议和空巴催生的结果也大相径庭。

把会议与空巴相结合

许多导入空巴的企业把会议和空巴相互组合，以期获得相乘效果。

在会议后直接进入空巴，能使会议的讨论收获更多硕果。在培训后举办空巴，能进一步深入挖掘所学的知识。因此，要把会议和培训的内容设置为空巴的主题。如果只是漫无目的地喝酒，就会变成单纯的"慰劳会"。

把会议和空巴相结合的手法，在激发年轻员工、使他们坦露心声方面尤其有效。

从事促销活动及周边产品策划销售的 LEGS 公司的内川淳一郎社长这样说道："在会议中，部下往往对上级无法畅所欲言地表达自己的意见。可是在喝酒聊天的时候却吐露真言：'上面的人不挦顺工作，就突然把工作甩过来，我们现场的人总是被打乱，工作无法顺利进行。'上司或许会觉得'既然如此，在会议上你怎么不说呢？'但对于下面的人而言，要在未受酒精影响的场合下讲这些真心话，是需要勇气的。因此，只有在多少有些随意的空巴氛围中，这些意见才会表达出来。"

也可以不频繁更换主题。冲绳县宫古岛 Paradise Plan 举办的三天两晚的学习会上，不管是白天的会议还是晚间的空巴，都紧紧围绕一个主题："盐屋的价值是什么。"盐屋是 Paradise Plan 公司所开的盐专卖店。这个品牌的真正价值是什么？它对顾客有什么意义？

通过盐屋，我们的工作又有何意义？……围绕着一个主题，用三昼夜展开讨论。

不断深挖一个相同的主题是十分辛苦的。可是，西里长治社长强调："开动脑筋，绞尽脑汁地思考十分有益。而且，白天全神贯注地讨论，夜晚几杯酒下肚，思想奔放，如脱缰野马，讨论也变得热烈起来。"

只是，也有一些空巴并未设定主题。事实上，稻盛先生也举办过没有主题的空巴。

在众多员工集结在一起商讨完之后，稻盛先生不紧不慢地招呼大家："今天正好是看樱花的好日子，一会儿去赏樱花吧！""可现在还没有下班……"一些员工犹豫不决地说。稻盛先生这样说道："说什么傻话，樱花不等人！走吧！"

在场的人们大喜过望，一片欢腾。

稻盛先生十分善于运用空巴瞬间抓住员工的心。增强人与人之间的纽带才是稻盛流空巴的着眼之处，主题只是辅助的工具而已。

3. 确定"时间表"和"座位表"

为了使稻盛流空巴的效果最大化，大多要做好以下两个准备工作。

一是制作时间表。划分时间能增加讨论的密度。同时，在居酒屋等举办空巴时，也会受到店铺营业时间的限制。要在有限的时间当中深入交谈，就要事先确定程序，这是关键。

像 LEGS 一样，有些公司制定了内部规程，把每次空巴的进程以分钟为单位细致地进行划分。敬酒干杯 5 分钟，自由畅谈 20 分钟，主题发表 5 分钟，讨论 70 分钟……内川社长在盛和塾例会上请教过稻盛先生，并特地出席过在京瓷和室中举办的空巴，借鉴其进程，制定出规程。"我不希望酒话会变得拖拖拉拉，磨磨蹭蹭。因此完善形式，提高其实际效果。"

内川社长说道。

空巴开始之后，可以立刻进入主题讨论，不过许多导入空巴的企业在讨论之前都设置了自由欢谈的时间。首先填饱肚子，喝一点酒，以预热会场的气氛。同时，在稻盛流的空巴中，不少人会在讨论中做笔记，所以先在一定程度上解决吃饭问题，在桌子上腾出空间，以便记录。讨论的时间长短各企业根据自己的实际情况而定，多在 1 ～ 3 个小时。

【某团队（小组）酒话会运营手册】

■ 目的

与管理层及伙伴一起，就工作及人生的思想观点交换意见，拥有共同的思维方式、价值观，形成合力。同时，打开心扉，坦诚交流，提升团队意识，团结一致，以达成目的目标。

■ 基本规则

（1）必须全体共同参与交流活动

（2）现场要保持乐观开朗，并具备家庭般团结的氛围

（3）明确目的，必须确定主持，推动进程

· 团结一致，立誓达成目标＜例＞崛起会、启动会等

· 分享目标达成的喜悦（要保持胜利后的谦虚）

· 在艰难的时候满怀希望，交流梦想（互相坚定成功的信心）

（4）必须对事物的决策或问题的解决具有建设性

（5）敞开胸怀，推心置腹，必须以"何谓正确？"为核心

（6）全体都要发言，发言必须坦率且乐观积极

（7）必须要表明决心（有言实行）

（8）必须让大家接受，形成合力

（9）根据当天的目的、主题，交流状况、表达的决心等，按照规定，次日提交报告（向上级提交实施报告书）

运营

■确定主持

- 餐饮食物准备 / 场地准备
- 本次的讨论主题

预算：1500 日元 / 人（在单月亏损的情况下）or 3000 日元 / 人（单月盈利的情况下）

★不含税

★亏损、盈利都指的是公司整体的实绩

★根据上个月的业绩确定下个月团队交流会（空巴）的经费

- 团队人数：部长或组长有一人出席即可
- 时间：1、2、3、5、6、8、9、11月，共举办8次，不含4、7、10、12月4个季度

的表彰月活动

- 推荐地点：1500 日元标准时，在LAGUN（公司内部的空巴室）；3000 日元标准时，在 A 居酒屋。A 居酒屋含 2 个小时的饮料畅饮＋用餐，有专为 LEGS 定制的套餐
- 规则：

①事先确定主题，大家共同交流一个主题

②一定要做现场记录，并提交上级

■日程

此例供做时间参考，日程约 2 个半小时结束

18：00~ 干杯（每月更换人员）

18：05~ 自由欢谈

18：25~ 发布本次讨论主题（由组长或部长发布）

18：30~ 全体讨论一个主题（不开小会，不讨论其他话题）

19：40~ 各自发表当日感想、感悟及改善事项

20：10~ 组长或部长发言

20：20~ 结束致辞或者小结（每月更换人员）

LEGS 对空巴的推进有详细的章程。以上是 2014 年度版本。

完善座次，提高空巴品质

时间划分、制作座位表都是空巴干事的工作。

在阳光前线不动产公司，空巴的干事在空巴举办的前一天，用电脑制作好座位表，交给上司或者社长审核。在多部门一起开空巴的时候，尽量不要让相同部门的人同桌而坐。而且，还会做战略性的调整，"希望这个人和那个人能加深交流，让他们坐近一些。"

在同一个部门举办空巴时，也会考虑"按照这次空巴的主题，这些人坐在同一张桌子比较合适""不要让年纪相近的人挨在一起"等，对座次的考虑简直到了神经质的程度。同时，各桌都要安排一个桌长负责推动交流。稻盛流的空巴如此殚精竭虑地考虑座次，又怎么可能是单纯的酒话会呢？

制作时间表和座位表——负责稻盛流空巴的干事并非预订好酒店就大功告成。多次组织空巴，积累经验，也会收获意外的效果——工作的技能也随之提高。周详的准备、划分时间、当天还要关注酒话会的进程是否能按照时间进行。这一连串的程序正是工作所需要的组织能力。

4. 心存利他，不允许自斟自饮

　　稻盛流的空巴不允许自斟自饮。抢在别人前面，把自己的杯子倒满酒，这是利己的表现。要留意周围人面前的杯子，杯中的酒一旦少了，马上给别人斟满。这样为别人斟酒，自己的杯子也不可能是空的。

　　稻盛先生经常讲述一个佛教中广为流传的"地狱的面条与天堂的面条的故事"。

　　天堂和地狱中，都有一个巨大的铁锅，其中热水沸腾，煮着面条。旁边放着长达 1 米的筷子。地狱中的人用长长的筷子抢先夹着面条往嘴里送，可是筷子太长，放不进嘴里，弄得滚烫的水四处飞溅，烫得遍体鳞伤。

　　而另一边，天堂的人夹起面条，稍稍晾凉，说着"请您先用"，送进对面的人的嘴里。

"哎呀，真好吃，接下来您请。"对面的人一边说着，一边用长长的筷子把面条送进对面人的嘴里。

天堂和地狱的差别在于人心的差别。这个故事告诉我们，拥有利他之心的重要性，不要只考虑自己，而要先替别人着想。

高管为新员工斟酒

京瓷从很早之前就注意培养这种利他精神。首要的是新员工培训后举办的迎新空巴。在空巴中，每张桌子旁都坐着一名高管，而每隔一段时间，这些高级管理人员会游走席间，最终为所有新员工斟上酒。通过空巴，新员工切身体会并学习到利他之心。

也许正因为这样，京瓷的管理干部多推行吃火锅。他们为部下切好火锅食材，甚至主动承担制作火锅最后的杂烩粥。还有，每当端出一大盘菜时，他们也马上干脆利落地公平划分："这边是这里的 4 个人吃，那边是那里的 4 个人吃"，把菜递给对方。

这些做法，稻盛也曾经在盛和塾的空巴上亲自指导过塾生。

阳光前线不动产的堀口社长说道："斟酒的时机要不早不晚，同时还要认真记好对方喜爱的烧酒勾兑比例等，塾长给我们一一做了指导。我个人比较喜欢把烧酒勾兑得淡一些，但塾长却比较喜欢浓一些，必须加双份酒。我们经常被塾长批评，说不能以自己的喜好为准，而是要了解对方的标准。每当我把酒勾兑得恰到好处时，塾长一定会说：'很好喝，谢谢你。'这令人太开心了。"

在空巴中践行利他之心，就能增强同伴意识。在空巴中无法细心照顾别人的人，也无法用利他之心面对工作。稻盛流空巴还是调整工作心态重要的实地教育场所。

5. 讲述宏伟的梦想

稻盛先生屡次在空巴中宣称："首先成为中京区第一，接着是京都第一，日本第一，然后成为世界第一的陶瓷公司。"在稻盛流空巴中，讲述梦想十分重要，梦想越伟大，组织之间的纽带越强有力。

Paradise Plan 的西里社长也努力地在空巴中讲述伟大的梦想。大约在 10 年前，从冲绳石垣岛的第一家盐屋开张以来，他就开始向员工讲述"未来要进军东京，还要把店开到美国纽约"的这一构想。

"最初的店才不过 9 坪（大约 29.7 平方米）。尽管如此，从那时候开始，我就兴高采烈地描绘大蓝图，'这个产品要走向世界。很厉害吧！'谈论梦想使大家心生欢喜，携手并肩的一体感油然而生。所以，尽可能描述宏伟的梦想，扑进它的怀抱。在白天的会议中生硬冰冷的话题，在空巴的场合很容易被员工欣然接受。"

10年过去了，盐屋已经进驻东京，梦想的第一步实现了，这很大程度上有赖于在空巴中与员工共有思想。

通过空巴战胜危机

即便经营状况恶劣，在空巴中仍然可以讲述伟大的梦想。

阳光前线不动产在2008年的雷曼冲击中，像其他众多的房地产公司一样，面临业绩大幅下滑的危机。房地产的价格如同坐滑梯一样直线下滑，在这期间，需要刻不容缓地把手头的房产抛售出去。在重重压力下，公司内部几乎变得一片混乱。

害怕组织分崩离析的堀口社长，在苦境中想方设法挤出空巴预算，坚持与员工一起举办空巴。

原本每个人的空巴预算是一个月 3 万日元。由于经费削减，空巴费用减少至一个月 5000 日元，尽管如此，但决不可减成零。堀口社长每周举办好几次空巴，亲自向员工讲述梦想。"在空巴中，我们并不谈论如何卖掉房子，而总是笑着谈论积极的话题。等渡过了现在的危机，我们要做这个，要做那个，前途一定是光明的，大家努力坚持下去，等等。"就这样，他们渡过了难关。

只有真正的空巴才能让伟大的梦想潜移默化地渗入员工心中，这是白天的会议和普通酒会无法企及的。正因为亲口宣布了自己的梦想，整个组织才充满了实现梦想的能量。稻盛流的空巴在讲述梦想时最能令人切身体会其真正价值。

6. 用自己的语言总结

在空巴临近尾声时，并不像一般的酒会那样，一句"差不多了"，就开始各自算账，最多以1次三拍掌或3次三拍掌宣告结束。相反，稻盛流的空巴却一本正经地总结讨论的内容。这最后的一下子既叫作"表达决心"，又叫作"小结"，让每一位参加者都把在当天空巴中所学到的或者所领悟的形成小结，并制定行动目标，决定明天开始如何行动，然后进行发表。

在别人发言的过程中，严禁和邻座的人交头接耳。全员都集中精神，竖耳倾听。重视总结的原因是为了把当事人的意识提升到最高限度，获得成长的原动力。发言者要用自己的思路整理讨论的内容，并且用自己的语言表现。这样做的出发点是为了发挥人的自主性，培养人成长。

Paradise Plan 公司在空巴中采用的是宫古岛特有的喝酒方法"传酒"，用这种方法听取每一个员工的意见。大家都围坐成圈，西里社长首先讲述自己的观点，然后一口气把酒饮干。接着，在同一个杯子里斟满酒，递给员工，这个员工在表达了自己的意见之后，将酒饮干，再把酒杯还给社长，如此周而复始。

尽管出席空巴的人数在 10 ~ 15 人，但用这种传酒的方式，经营者与员工形成了一对一的关系。"让员工接受空巴上讨论的观点，这种方式非常有效。"西里社长说。

· 你在空巴（恳亲会或颁奖会）上学到了什么？

被感谢时要自然，感谢能使人发现自己的傲慢，变得谦虚。

· 最后请写下你的决心。

要成为坚强和善良兼备的人。因此，首先

要开始变得坚强。不依赖别人，不哭泣，但不忘心怀感谢。用心使 403 形成良性循环。事到临头振作精神，自己首先不要崩溃。感恩。

在 403 公司中，全员都要小结并提交空巴的体悟。

在如何提升总结的效果方面，设计销售女鞋的企业 SELLS COMMUNICATIONS 经过反复思考，在空巴中打乱了发言的顺序。一开始由立见嘉洋社长点名，请一名员工发表感想，之后这位员工再任意选出下一个发表人。因为不知道什么时候自己会被叫到，于是，按照立见社长的话——"在小结的过程中，大家都保持着紧张感。"

分 3 次小结空巴的内容

也有些公司通过增加小结的次数，加深员工对讨论内容的理解。经营连锁洗衣店的 403 公司（山梨县富士河口湖町）就是分 3 次小结空巴的内容。

　　首先，在空巴的最后让每一个人发表感想。接着举办空巴后的一周内，让员工提交手写的"参会报告"。最后，全体传阅报告的内容。岩本政一社长强调："一开始发表的感想几乎都以自我为中心，但当听完其他所有人的意见之后，再回家把感想重新写在纸上，观点就发生了变化。然后，再通过传阅别人的报告，领悟得更加深刻。"

　　需要特别说明的一点是，不是开过空巴就万事大吉，怎样才能通过空巴促使员工成长，盛和塾的塾生们一边不断尝试，一边思考更有效的举办空巴的方法。

7. 要每日完善空巴的形态

实践稻盛流空巴，不管组织力提高到什么程度，都谈不上"完成"。空巴的形态必须不断地进化。

譬如空巴的人数。在盛和塾塾生的案例中，在空巴中大多以 5～10 人为一组。即使人数很多，也把每 5～10 人分成小组，这样讨论起来比较活跃。只是，如果觉得需要与一些特定的员工进行更深入的探讨，有些空巴只安排较少的人员参加，比如 1 个经营者对 1～3 个员工。有些人质疑一对一小酌是否应该算作空巴，但是从把团结一心、同心同德作为目的，深入讨论一个既定主题的角度而言，这也可以算作稻盛流的空巴。而且，按照稻盛先生喜爱的团团围坐的方式，即使人数众多场地也会十分紧凑。像这样，目的不同，人数的标准不一而足。

空巴还因场地的不同有所区别。在居酒屋等酒店举办空巴，不需要自己准备，比较轻松，但周围喧哗吵闹，在形成一体感方面逊于公司内举办的空巴。而比公司内举办的空巴的效果更值得期待的是过夜的集训型空巴。如果过夜，人与人之间更容易构建亲密的关系。只是，过夜的集训型空巴不能频繁举行，因此可以与居酒屋和公司内部的空巴相组合，打造整年度空巴的节奏。

纵横结合

空巴还分为纵向型和横向型。纵向型的典型例子是部门空巴。部门之间的同伴聚集起来，以日常工作为主题，展开细致的讨论。另外，横向型的空巴有同一管理层级之间的人组成的空巴，有培训的空巴，有同一天生日的人组成的空巴，比纵向型空巴更容易形成整体感的讨论。但 ASUKA CORPORATION 公司的阪和彦社长也强调："就像纵向的经线和横向的纬线相互交织成为结实的衣物一样，单单侧重纵向或是横向都不行。"

像这样，稻盛流空巴形式多样。盛和塾塾生为了收获更好的效果，不断地调整空巴的形态，或增加新型的空巴。稻盛流空巴不断地进化，以达成理想的形态。现在大家应该知道，它与单纯的酒会不可相提并论。

空巴形式多样

人数	• 1 对 1
	• 5～10 人的小组
	• 20 人以上的中型团体
场所	• 公司内部(专用空巴室、会议室、食堂等)
	• 公司外(居酒屋等)
	• 外宿(酒店、旅馆、培训中心等)
讨论形式	• 全体一起讨论
	• 分组讨论
	• 经营问答式,参加者向领导者提问
成员构成	• 纵向型(部门 / 小组型)
	• 横向型(同届同期、管理层级、生日会等)
费用	• 会费制(一个人收多少费用)
	• 金额全部公司报销
	• 会费制和公司报销折中型

第三章

走近稻盛流空巴

到底什么是"空巴经营"？

让我们深入稻盛流空巴，仔细描绘它的真容。

第一家公司是住宅公司昭和住宅。在培训和空巴之间举行的"赏月会"是其特色所在。

第二家公司是冷冻设备维修公司共信冷热。他们为何将干部的空巴与全公司的空巴分开？

从空巴的形态中，我们可以解读各位社长的问题意识。

1. 昭和住宅

以"硬、软、硬"促进富有建设性的讨论

在JR东加古川站附近的2号国道线旁，有一栋大厦。一位男子每天清晨5点半起床，出门遛狗和扫墓，然后到这栋大厦上班，风雨无阻。这个男子一头银发全部向后梳得整整齐齐，纹丝不乱，唇边蓄着胡须，一派雄狮的气度。这就是经营独栋住宅和公寓的住宅公司昭和住宅（兵库县加古川市）的领导者湖中明宪社长。

昭和住宅是住宅行业中所谓的SPA（制造零售）公司。销售额规模200亿日元，在兵库县稻美町有自己的木材加工厂。从独栋住宅的建材加工到设计、施工、销售的一条龙业务，都由自己公司提供。而且，230名员工中，有

38 名是木匠师傅。凭借完全自营这一武器，他们销售的木造住宅耐震、气密性好，比大型公司价格实惠，受到了以兵库当地为主的顾客群的欢迎。

湖中社长是第二任社长。1957 年，他已故的父亲湖中速雄先生创建了公司，而他于 1990 年继承了公司。经营男装连锁店 KONAKA 的湖中谦介社长是他的堂兄。他还有一位堂妹夫歌川弘三先生是经营日式餐厅 KONAKA（大阪市）的社长。这是因为速雄兄弟认为"战后日本经济的成长，离不开衣食住的买卖"，因此，他们在各自的行业建立了自己的事业。

身为企业主、经营者，乍眼看来很威风，湖中社长本人也认为一不小心自己就会变成令人望而生畏、难以接近的人。他那粗犷豪迈的性格也使他起初的经营风格完全是自上而下型的。受这一风格的影响，在初任社长的那几年，员工流失率很高，这令他大伤脑筋。

"过去我对支撑公司的员工缺乏感谢之心，致使人才得不到成长，自然日渐离心，然后辞职而去。"

在深刻反省之后，湖中社长从20世纪90年代后半期开始，决定把员工当作家人一般珍惜，增加了各类培训学习及空巴等内部活动。这些措施起到了立竿见影的效果，一度高达50%员工的离职率，在20年后减少到10%的水平。而其真谛就是学习会、亲睦会、空巴三位一体的"三连会"。

主任级别以上的学习会（下午5时30分~6时30分）

"经营理念：我们重视信誉，具有奉献的精神，为地区社会做贡献，致力于积累资本和培养人才，以开拓辉煌的未来，为了员工幸福和企业繁荣而努力……"

湖中社长一走进总公司5楼的会议室，已坐在座位上静候的80名员工一起起立，开始按照经营理念、社训、行动指南的顺序，大声朗诵。最后说一句"请多关照"，所有人深深鞠躬行礼，弯腰就座。东京、大阪等外地分支机构也利用视频会议系统，整齐划一地行动，静候湖中社长的开场发言。这就是以一线主管以上的管理者为对象的昭和住宅主任级别以上的学习会。

通常，这个学习会每月举办一次，从上午7点到8点。但4月和10月例外，时间挪到傍晚时分。因为昭和住宅的财务决算时间是9月，10月在一定程度上要巩固前期的决算成果。在10月的主任级以上的学习会，基于对上一期决算业绩的回顾，湖中社长要发布新一期的数字目标及经营战略方向。员工们都安静地聆听着。

湖中社长手舞足蹈、声音洪亮地发表讲话。时不时还夹杂着严厉的训斥。

"上一财年（2014年9月止）简直不像话！成绩非常差！整个集团销售额才200亿日元。这一财年你们要拿出真本事。"

接着是发布新财年的具体数字目标。"今年我们要销售商品房400套、别墅100套、公寓200套，一共是700套。整个集团的销售额目标是 300 亿日元。"

会场内鸦雀无声，员工们拼命地在记事本上记录着湖中社长提出的数字目标，表情严肃而认真。

"时间到了，学习会到此结束。大家请移动到赏月会的会场。"

1 个小时之后，随着湖中社长的一声号令，全体成员再次起立。大家一边说"谢谢"，一边深深地鞠躬行礼，学习会就此拉上了帷幕。

虽然打着学习会的名号，可在整整一个小时中，湖中社长一直在单方面地讲话，发布数字目标和经营方针。到此为止，一直给人以企业经营者自上而下训示的印象。

赏月会（晚上 7 时 15 分 ~ 8 时 30 分）

80 名员工走出总部会议室，陆陆续续地分别乘坐车辆。往西行驶 20 分钟左右的小山岗上，就是湖中社长的府邸，大家纷纷赶往此地。这是上一代速雄先生在 1989 年建造的日式住宅，2 层的小楼由 5 间和室和 4 间西式房间构成。建筑面积 400 平方米，最好的是庭园，面积开阔，一共占地 1350 平方米。

赏月会就在庭园中举行。4 月是赏樱会。大家基本是站着吃，在 6 个地方摆放餐桌，桌上整齐地摆放着从附近料理店买来的拼盘、饭团、炸鸡，甚至还有烧烤套餐，品种丰富，琳琅满目。当然，啤酒、红酒、烧酒、茶等饮料酒水也种类繁多，应有尽有。暮霭沉沉，华灯初上，灯光下的庭园洋溢着梦幻般的气氛。

"刚才我在主任级以上的学习会上发布了数字目标，接下来大家怎么考虑？这个目标是否妥当，我希望大家在赏月会后认真讨论。"

刚开始，由湖中社长致辞，随着常务带头举杯，晚宴开始了。

尽管席间提供了酒水，但因为还有一场讨论，所以没有人喝得酩酊大醉。只不过，有人借着微醺的酒意，打开话匣，融洽的气氛蔓延开来。

举办赏月会的目的是在缓和轻松的气氛中，通过谈笑，拉近湖中社长与员工之间的心理距离，以便员工说出自己的心声。湖中社长自知，只要稍不留神，就会把交流变成单方面的讲话。

湖中社长很注重增加自己与员工、或员工之间的亲密交流，所以任何人在哪张桌子上，爱与谁共饮共食，都十分自由。大家不分部门资历、入职年份，一边喝酒，一边真诚地交谈。

在赏月会中，湖中社长的态度与主任级以上学习会相比，简直是180度大转变。他身边围着员工："你这是什么发型，看起来像黄毛小子一样？""啊？这才是我的特点嘛！"他与员工聊着天，开着玩笑，用心去交流。随着和缓的气氛，对话逐渐深入，有时也触及严肃的内容。

"喂！田中（注：田中裕一，住宅课系长），我说啊，你尽管在上年（2014年9月止的财年）别墅销售上是第一，但你和之前（2013年9月止的财年）相比还有差距。都是田中，商品房（住宅销售）的田中（田中友明，住宅销售课副课长）在上一次和这一次都拿到第一了。你们之间的差距在哪里呢？你太浮躁了，那家伙埋头苦干，所以水平超过了你。你可不要大意啊。"

"是，我明白了。"

同样的话，如果在白天的会议上讲则显得十分沉重，也许会使员工感到失落沮丧。可是，在喝了一点酒，多少有些和缓的氛围下，这些话则变作鼓励，更容易使人毫无芥蒂地接受。

这样的交谈持续了1个小时左右。当赏月团子端上桌，宴会宣告结束。

在昭和住宅，除了赏月会和赏樱会，全年公司内部的活动一个接一个。每周一社长室招待8名员工的"员工午餐会"是其中之一。湖中社长花一年时间与所有员工共餐。除此之外，还有员工旅行及生日会、运动会等数不胜数。他们竭尽全力，增加与员工的接触，费尽心血构筑与员工的信赖关系。

讨论（晚上 8 时 30 分 ~ 11 时 30 分）

"各位，请大家回到室内，开始讨论。"

随着担任主持的总务部长的一声令下，员工们开始纷纷从庭园走进屋里。接下来是各部门的研讨时间，讨论湖中社长在学习会上发布的数字目标的可行性及达成目标的方式方法。

哪个部门在哪里讨论，总务部已经提前划分好了，并给全员发放了指示图。根据指示图，别墅销售科在客厅，住宅销售科在旁边的和室，设计科在正门玄关附近，大家分散在各处。基本以围坐一圈的形式展开讨论。

"湖中社长提出的数字目标是否能够达成，为此我们应该做什么。"主题已经提前聚焦，即使喝了酒也不会跑题。大家纷纷取出带来的销售业绩数据和记事本，开始热烈地交换意见。大家的态度与赏月会上截然不同，每一个人都专注在讨论上，喝酒的人也明显减少。

也许人们认为，既然是严肃的讨论，就不应该喝酒。可是，这样一来，部下就会碍于上司，难以说出真实的想法。相反，也有一些上司因为过于在意部下的想法，而无法开口训斥。可是，湖中社长说："几杯酒下肚，就能把自己平日的想法开诚布公地告诉部下。"

从讨论开始到电车末班车之间的3个小时，正是稻盛流空巴的精粹所在。

"如果要销售100套别墅，我们部门负责总部周边地区，只要把销售目标定为72套就可以了。"

"3个系长平均1个月卖1套，我（次长）消化自己的任务外，再负责把新人的部分也消化掉。"

首先从确认实现数字目标的可行性入手，然后讨论逐渐转移到达成目标的方略上。在赏月会余韵的帮助下，谈话不拘泥于形式，话题逐渐深入。

比如，"我很少拜托入住的住户为我们提供样板房参观的机会，以后还应该在这方面多下功夫比较好。"别墅科系长的话音刚落，同科的另一位系长马上分享诀窍："我在和顾客签订销售合同或在施工的时候，早早就跟他们打好招呼，请他们在房屋建好后，协助提供样板房供我们举办参观会。"员工们一边共享信息，一边制定部门的行动方针。

过了晚上10点，湖中社长一手端着装着烧酒的杯子，依次游走在各部门聚集的地点。"在上次的新员工培训中，你还获得了'最受员工喜欢的上司'的称号啊。"在他的鼓励中常常夹杂着这些令对方充满干劲的话语。

就这样，讨论持续到晚间11时30分，然后收拾收拾，结束讨论。

如果是10月的讨论，还会有下文。事后，各部门汇集讨论内容，经过董事会讨论，定下最终的数字目标及经营战略，在11月的"经营计划发表会"上公开发布。

从学习会到讨论的整个流程，可以用"硬、软、硬"来形容。首先在主任级以上的学习会上，对员工慷慨激昂地激励鞭策，使员工紧张起来，接着通过赏月会或赏樱会暂时放松心情，相互增加亲密度，以便引出员工的心声。在此基础上，各部门进行讨论总结。一张一弛的节奏演绎出高效能的6个小时。

2. 共信冷热

以二段式空巴培养年轻员工

共信冷热（甲府式）的岸本务社长不会喝酒。他曾经请教过稻盛先生："塾长，我不能喝酒，应该怎样开空巴呢。"

"那你学一下喝酒不就行了？"

"……好的，我努力。"

尽管在稻盛先生面前这么说，但喝不了就是喝不了。而且，在地方城镇里不少员工开车上班，所以在空巴的桌上，酒类数量大大减少。

"所以，我们公司的空巴比较冷清。"岸本社长的脸上浮现出一丝不满的表情。但是，这种冷清正是他为空巴倾注了真挚感情的体现。

共信冷热由岸本社长在1984年创立。主

要经营冷冻、空调设备的设计施工和保养维修，销售额约为 11 亿日元（2014 年 3 月止的财年）。主要的客户是食品超市及便利店，一旦设备出现故障，为了保证客户正常营业，即便是半夜也要驱车赶去维修。24 小时 365 天不间断的维修服务赢得了客户的高度信任，但对于员工而言却是一份极其辛苦的职业。不少年轻的员工提出："我想要下午 6 点能准时下班的工作"，辞职离去。

可是，在深夜中恶战苦斗，维修设备，第二天得到客户的感谢时的喜悦格外动人。而且，在众多小规模同行业者中，共信冷热每年持续成长。与开始举办空巴的 7 年前相比，销售额和员工数成倍增长。拥有 45 名员工的规模，在冷冻设备维修业中可算进入有实力的中坚企业行列。他们的目标是行业第一。如何才能把这种工作的价值分享给伙伴呢？岸本社长认为这是经营的关键。

此时，稻盛流空巴出场了。共信冷热的空巴持续举办两天。第一天是只限干部参加的

"阿米巴会议空巴"，第二天是全体员工参加的"学习会空巴"。在这 7 年来，这两场空巴每月必办，它在提升每一位员工的能力和活力方面，具有重要的意义。

第 1 天（周五）

综合阿米巴会议（下午 1 时 30 分 ~ 晚上 7 时 30 分）

阿米巴会议空巴（晚上 7 时 30 分 ~ 晚上 8 时 30 分）

第 1 天，11 名干部在甲府市的总部集合。白天，在岸本社长的主持下，各部门负责人汇报上个月的业绩。共信冷热几乎在导入空巴的同时，引入了阿米巴经营。汇报内容从销售额到销售佣金、施工毛利、附加价值、劳动时间等，十分详尽。以这些数字为基础计算出被称为"每小时附加价值"的各阿米巴经营指标，通过这一指标判断各部门业绩的好坏。然后，具体深入探究如何才能进一步提升每小时附加价值。

这种业绩报告会在任何一家公司都司空见惯，但共信冷热在这个会议结束后必举办空巴。这个空巴被称为"阿米巴会议空巴"，目的是讨论为达成目标而可能出现的问题。从阿米巴会议结束到空巴开始大概有 10 分钟，这期间干部们一边看着投影屏幕上的计时器，一边在桌上摆放外卖的饭盒和饮料。所有人都安静地在座位上等候着计时器倒数为零的那一刹那。

"现在全体起立！"

"请多关照！"

全体人员响亮的声音在房间里回荡。阿米巴会议空巴终于开始了。这个开场方式表明了这不是一场寻常的空巴。在共信冷热，空巴被认为是大家推心置腹的重要场合，所以在进入空巴之前，一定要先整顿纪律。

首先，担任主持的杉本修一营业部长致开场辞。

"我是杉本，今天由我负责阿米巴会议空巴。今天空巴的主题是'提高心性，拓展经营'。业绩提升的秘诀在于塑造人。这一直是我们所追求的，今后也希望大家把它放在第一位。如果各位就今天的主题有想说的，请务必提出。"

西东京营业所的渡边洋所长唰地举起手来。

"今年夏天，刚进公司两年的年轻员工辞职了。（在冷冻设备行业繁忙的夏季）在大家正打算一起团结努力的时候，突然发生这样的事情，使我们在精神上受到打击，留下阴影。共信冷热要成长发展，需要年轻人的力量。怎样才能使离职率为零呢？最近，我一直在思考这个问题，可是却找不到答案……我想听听大家的意见。"

一边用餐，主持人一边一个个地点名，请

大家发表意见。

"我以前也曾经跟年轻人无法沟通，后来把他们当作自己的孩子对待，才开始心心相通起来。在打造这种关系的基础上，以父亲的姿态给对方提建议，指点对方如何成长。从那以后，对方连个人的私事也与我商量。"

"对待年轻人的态度的确非常重要。不过，在这之前，我们干部是否每天都能双眼焕发光彩，快乐地工作？也许并没有。我们自己也有做得不够的地方。"

渡边所长认真地记录下每一条建议。11 名干部坐在"口"字形的座位上，没有人离席走动。大家都仔细斟酌话语，把自己的意见传达给伙伴。令人留下深刻印象的是许多干部都毫无保留地讲述自己的失败经历。如果稻盛流空巴有动静之分的话，诚然这场阿米巴会议空巴属于静态的。

1 小时转瞬即逝，岸本社长最后总结道："员工辞职对社长而言，就如同自己的人格遭到否定，十分痛苦。怎么做员工才不会辞职？

在痛苦之后才发现，过去的我在批评员工时带着情绪。'为什么连这样的事也不会做''你到底让我再讲几次'，这是不对的。我深切地感受到我们必须建立牢固的以老带新的文化。大家也要不断请年轻员工喝酒，成为他们的倾诉对象。这些经费由公司承担。"

对于岸本社长而言，以干部为对象的阿米巴会议空巴还有一个目的，就是打造自己的分身。只要与经营者具备相同责任感和危机感的分身越来越多，自然也会对年轻员工观察入微。为此，必须举办空巴，让干部之间的思想产生碰撞。

当然，并非一开始举办空巴就能讨论得很深入。要重复不断地举办空巴，举办 80 次以上。通过每月持续举办阿米巴会议让大家共同认同这一经营数字，之后举办的空巴就能逐渐培养起干部们的经营者意识，并逐渐让他们说出真心话。

第2天（周六）

哲学会议（上午10时30分～中午12时30分）

经营战略会议（下午1时～下午5时）

第2天，包括干部在内的全体员工一早就在总部集合。首先，整个上午是稻盛和夫先生提炼的《京瓷哲学》分享会。

这一天读的是"为伙伴尽力""构筑信赖关系""贯彻完美主义"这3条。每一条由3名员工轮流读诵，接着由8个人陈述意见，这样为一套动作，然后重复。比如"为伙伴尽力"，加入公司不到一年的小岛千拓先生发表如下感想：

"我加入公司半年了，虽然还是常给前辈添乱，但有时做得还算顺利。后来我才发现，这全靠身边人的帮助。现在我们部门虽然十分顺利，但万事皆有起有落，从现在起，我下定决心，当波谷来临的时候，我会为了伙伴拼命工作。"

虽然事前并不知道会被安排针对哪一条哲学发表感想，但是，就连刚进公司一两年的年轻人也能言之有物。

究其原因，岸本社长说，这都是每日日报取得的显著效果。岸本社长每天早上在晨会上，从京瓷哲学中选取一条朗读。外地营业所的员工们则以邮件的形式发布"今天的京瓷哲学"。在一天快结束的时候，每一个人都把自己对京瓷哲学的体悟写成简单的"一句话感想"，发送给全体人员。每天都如此交换感想，所以员工们十分熟悉哲学语言，也养成了勤于思考的习惯。

下午的程序按照实际情况不时地更换内容。今天由于半年决算出台，于是举办"经营战略会议"。每个部门梳理在下半年要做的事情。不仅仅是与业务相关的工作，有时还会播放以公司、组织为题材的电视纪实档案节目，让全员观看，并交换意见。看起来，这似乎与工作并无关系，但岸本社长说："能充分看清楚谁有怎样的感受。"

像这样，第二天的会议或学习也安排得满满的，之后直接进入空巴。

学习会空巴（下午5时～下午6时30分）

空巴为6人一席，座位顺序由抽签决定。事先，标上号码的座位表投影在屏幕上，员工们按照抽到的号码入座。可是，唯有各部门负责人的坐席是事先安排好的，被分散到各张桌子。这样能够防止同部门的人和关系亲近的人总是坐在一起。还有，按照共信冷热的空巴规则，由抽到7号的人负责领头干杯，14号负责主持结束致辞。不把致辞等安排给指定的干部，是因为要树立"全员都是主角"的意识。

"第82次学习会空巴现在开始。今天的主题是在京瓷哲学中学过的'构筑信赖关系'。请各桌就这个主题展开讨论。最后请各桌代表发言。"

各桌的人一边吃着外卖的小吃拼盘，在融

洽的气氛中就"构筑信赖关系"展开逐渐深入的交谈。许多参加空巴的人都取下了领带，与第一天阿米巴会议空巴那一板一眼的气氛完全不同。

与岸本社长同桌的是工程部的细川学课长和三名 20 岁出头的年轻员工。

刚进公司 1 年的小岛说："应该如何教新进公司的后辈，很伤脑筋啊！"于是岸本社长给出建议。

"任何人都有好的一面。首先看到一个人的优点，并且发挥他的长处。只要跟晚辈建立起信赖关系，就能在各方面给他提供建议。这位细川课长也与太太建立了牢固的信赖关系，所以能全力以赴地工作。"

被调侃的细川课长不禁笑起来："我第 1 年、第 2 年的时候，光给前辈打下手就已经忙得筋疲力尽了，你还有余力照顾后辈，很厉害啊。"小岛受到了鼓励，露出了笑容。

岸本社长还会见缝插针地到其他桌露个脸儿，时而抛出几句笑话，引来阵阵笑声。据他说，因为喝不了酒，所以尽可能有意识地营造轻松开怀的氛围。然而，他也暗中留意年轻员工的发言和表情，察言观色，了解他们是否对工作不满，与伙伴相处是否融洽。

"以前，我总是以一种优越的姿态要求他们'赶紧提升到这个水平'，现在我放低身段，陪伴在员工身边，哪怕他们有丁点儿成长，我也会表扬他'你很用心'。我慢慢地接近每一个人，慢慢地引导他们。而且，靠我一个人也无法成事，不能缺少干部的协助。"正因为如此，所以才会把空巴分成两段，分为干部空巴和全体员工空巴。

最后，各桌代表发表空巴中交流的内容。而岸本社长这一桌，则由刚才提问的小岛拿起了话筒。

"在现场我遇到困难给前辈打电话时，无论工作多忙，他都立马赶到我这边。而且不是一次两次，他总是如此。所以我自己也尝试着及时地帮助遇到麻烦的后辈。我想，只要这样做，就能构筑起信赖关系。"

发言结束后，岸本社长热烈地鼓起掌来。

就这样，持续两天的学习和空巴迎来了尾声。1个月之后，所有人将再次集合到这个地方。坚持就是力量，只要每个月与每个人认真仔细地在空巴中交流，即便是蜗行龟步，公司也必定会发展，岸本社长对此坚信不疑。

第四章

空巴改变了我

稻盛流空巴拥有强大的能量。

导入空巴，经营者就会改变。

导入空巴，员工就会改变。

导入空巴，公司就会改变。

人和组织是如何改头换面的？

在这里为诸位介绍践行空巴经营的五家企业的故事。

心连心唤起感动。

1. 三和化工纸

女社长领悟的空巴成功境界

身为女社长，生产点心包装纸的三和化工纸（大阪府柏原市）的三井贵子坦言，过去对举办稻盛流空巴抱有抵触感。

"刚当上社长的时候，我无法开口邀请员工去空巴……女性在喝酒的时候常遇到不愉快的事情。从 40 岁后半段开始，我才克服了这种畏难思想。"

三和化工纸是三井的父亲三井一也在 1957 年创立的公司。销售额为 10 亿 1500 万日元（截止 2014 年 6 月），员工约有 40 人。三井大学毕业以后，在几家企业工作之后，担任了初中教师，于 1999 年进入三和化工纸。由于一也突然去世，2001 年，38 岁的贵子成为社长。

在打工时期，三井对上司提出的喝酒的邀请厌恶得不得了。她本身不会喝酒，两三杯啤酒就到了极限，所以不太喜欢出席宴会。曾经也因无法推辞，偶尔去喝酒，结果却无法适应人们酒醉后疯闹的气氛，结束后独自感到沮丧。成为社长之后，在应酬客户时也有过不愉快的经历。

对喝酒没有什么好感的三井如今却积极地举办稻盛流空巴。最常规的是每年两次的员工旅行和外宿的部门学习会。另外，他们还常常在员工食堂一角铺上凉席，大家围坐在一起，一边吃东西一边交谈。在有重要谈话的时候，她还不惜与员工进行一对一的小酌。

但是，走到这一步的路程并不平坦。因为出任三和化工纸社长本身，就必须克服巨大的困难。

与叔叔之间的痛苦争执

2000 年，三井日复一日地苦恼着："绝对不能放弃父亲托付的这家公司，可是，应该怎么做才好呢？"

创业者一也以点心厂商为主，开拓了许多客户，把公司发展到销售额 6 亿日元的规模。可是，1999 年，一也突然被告知患上癌症，于是紧急将当时担任初中教师的独生女儿三井叫回来，让她以继承人的身份进入公司。

可是，三井进入公司不过短短两个半月时间，一也病情突然恶化去世，享年 65 岁。而雪上加霜的是来自叔叔——与一也共同经营的专务（当时）的责难。

叔叔在一也头七结束后的第二天，就把三井叫出来，大放厥词："你父亲一直很招人讨厌，他行事随心所欲，完全不考虑别人。"而且还逼迫她："把社长位置让给我。"

三井虽然满腔义愤，但只得忍气吞声，哭着答应了叔叔的要求。她没有经营公司的经验，而且刚进公司，连业务内容也不是很了解。为了对内稳住公司，对外保住信誉，三井只能离开社长的宝座。于是，叔叔当上了社长，三井担任董事。

可是，三井无法原谅诋毁父亲的叔叔。在很长一段时间，即使坐在叔叔身边，除了打招呼，三井也不愿意跟叔叔说一句话。叔叔对三井的反抗也感到十分不快，于是开始向亲近的客户抱怨："莫名其妙的侄女把公司搞得乌七八糟。"公司内部阴云密布，充满紧张的气氛。

正在这时，转机出现。一位经营者朋友邀请三井旁听盛和塾例会。恰好，不久之前，三井在已故的父亲储物柜中发现了稻盛先生的讲演磁带，听后感动莫名。

缺少的感谢之心

2000年11月，三井在出席盛和塾例会的时候，趁着与稻盛交换名片的机会，吐露了心中的烦恼。

"父亲去世，叔叔担任社长，可他在公司外面四处说我这个侄女的坏话。亲人之间争吵不休，导致公司信誉不断下降，我想取而代之，出任社长。我应该怎么跟叔叔开口呢？"

稻盛静静地倾听，然后回答道："你要感谢你的叔叔。要给他丰厚的离职补偿，而且还要对他说'谢谢'。"

三井愣住了。

"正是叔叔把公司弄得一塌糊涂，凭什么要感谢他？！"

可是，在回家路上，三井体会到了这句话的深意。"我们公司之所以能发展壮大，不单是父亲的功劳。其中还有叔叔出的力，我当然应该感谢他。"

为自己的偏执深感羞耻的三井一过完年，就主动找叔叔谈话："您一直替我担任社长，非常感谢。在父亲亡故后的一年里，全靠您三和化工纸才能平安无事地走到今天。这全是您担任社长的功劳。"

这时，叔叔露出笑容，说："你真的这样想吗？"

感觉叔叔接受了自己的心意后，三井决心提出请求："您是否能让我当社长？"叔叔不但没有一丝反抗，而且马上答道："也好。这一年我当社长也实在辛苦，是应该让你替代我了。"于是，叔叔把社长的位置让给了三井，自己退居会长。

三井不太清楚，一直与自己不和的叔叔为何干脆利落地让出了社长的宝座。叔叔原本一直负责生产现场的工作。可因为一也去世，他不得不负责整体经营，看管自己并不擅长的销售等工作，大概他也感到不胜其烦吧。恰好在这个时候，侄女认可了自己的功劳，或许因为如此，他萌生了退让之意。

三井说："与叔叔对抗的那一年非常痛苦。可是，正因为有了这段经历，我才发现自己的愚蠢。幸好，在心高气傲的时候我没有当社长。"

想办空巴口难开

正因为有这段经历，出任社长之后，三井对学习稻盛哲学更加热切。在拼命研读稻盛著作后，她了解了举办空巴对加深员工信赖关系的重要性。

可是，在三和化工纸从业的员工大多数都是男性，而且还有年长的干部。三井性格比较内向，尽管心里知道举办空巴的必要性，却始终难以开口发出邀请。性格豪爽的女中豪杰姑且不论，不光三井，一般女上司对带着好几位男性下属去喝酒之类的事情也都有所顾忌。

在社会上有这么一种看法：女上司邀请某位男性员工去喝酒，就像搭讪自己喜欢的男性一样，属于公私不分的行为，周围立马流言四起。这也许是许多女上司面临的共同难题。

三井告诉我："后来才听说，当时年长的干部里还有人称我为'大小姐'。我在三和化工纸中没有什么工作经验，当然会被人这样说。"

虽然只有一部分轻视三井的老干部认为"半路杀进公司的大小姐干得了什么"，但只要他们在，公司内部的气氛就十分不自然。尽管这份轻蔑在面对面的时候没有表现出来，但三井自己也切身感受到这种凝重的氛围。

"在男员工多、且得不到部下信任的情况

下，怎么举办空巴才好呢？"在百般苦恼之中，三井决定，先把能做的事情尽可能一点一点地推进。于是，她首先想到的是生日会。

生日会每两个月举行一次。届时三井会带着在这期间生日的员工到公司附近的家庭式餐厅一起用餐，每桌不到 10 人。这是三井的第一步行动。此时，距她出任社长，已经过了 5 个年头。

"感觉这就像空巴前的铺垫。我们是 40 人规模的公司，如果每月举办生日会，参加的人只有 3、4 个。我自己刚开始也不太习惯，不懂怎么搞好生日派对的气氛，如果参加人数太少，我怕到时无话可说，我觉得对方也会有同样的想法，大家都怕尴尬。所以每两个月举办一次。起初，感觉很冷场，甚至有员工问'应该说什么好'。我只好谈论工作或家人，这才慢慢打开话题……现在看起来，真是好笑。"

大概是回忆起当时的艰难，三井笑着，眼中泛起了泪光。

第一次举办新年会

在开始举办生日会的两年之后，三井的下一个行动是正月在大阪市内的居酒屋预订座位，举办新年会。几乎每家公司都会举办新年会，因此邀请员工参加也显得很自然。而且，三井觉得，以庆祝一年的开始为由头，被拒绝的概率也很低。

邀请对象为系长以上的干部，限定在8人之内。只邀请管理干部的话，不像邀请一大堆人那样需要那么大勇气。而且，这样选择也令人感觉不那么随便。

考虑成熟后，就打算把自己的想法付诸实施，但是否行得通，三井心中满是忐忑。事实证明大获成功，全体成员都出席了。

在新年会上，三井诚心实意地表达了对员工的感谢之情。此时她感恩的姿态，正如过去接受稻盛的忠告，打破与叔父之间僵局时一般真诚。

"我没有任何经验，就当上了社长。然而，各位仍然像父亲在世时一样，一如既往地勤奋工作，还给我以支持，我真心地表示感谢。公司能有今天，全靠各位，今后还请各位继续关照。"

在这一番真诚发言的影响下，新年会始终保持着融洽的气氛。当然，因为是第一次，所以话题常常偏离工作，出现跑题的现象。但是，这对不同部门之间几乎没有什么机会一起喝酒的三和化工纸员工而言，已经是一大进步。

借着新年会的势头，三井逐步增加空巴的次数。随之部门之间逐渐培养起团队合作的氛围。三井回顾当时的情景时，说道：

"过去工厂（制造部）和生产管理部之间的关系十分恶劣。生产管理部负责销售，所以经常因客户的需求临时下单给工厂。可是，从工厂的角度来看，半路突然加单，他们也十分为难。后来双方在空巴中交流了这件事情，得以互相体谅对方的辛苦。'对不起，有个突然来的单子，能不能拜托您一下''这是为了客户，要努力一下'，后来，双方都能如此互相打声招呼，把工作做好。"

工厂火灾助人成长

在一系列的空巴之后，三井逐渐建立起经营者的自信："身为女社长，我也能靠空巴提升员工的团队协作。"可是，在2010年5月，一场事故打破了她这一自信。那就是工厂发生的火灾，那是在第一次举办新年会两年后的事情。

事情的起因是生产糖果包装纸的设备发生故障。原本机器应该把叠加了多种包装材料的树脂自动加热熔化，可是，却因为恒温装置损坏造成机器过热。树脂因温度过高起火，火势蔓延到周围。这是身为领导者的三井对安全责任疏忽大意导致的结果。

起火时正值连休的最后一天凌晨，公司里一个人也没有。幸好反应得快，没有造成巨大的损失，但部分工厂和几台机器化为一片灰烬。

这样一来，业务自然大受影响。向客户请

罪、请求变更交货期、修理机器、部分生产需要委托其他同行……一个又一个难题扑面而来，三井只能硬着头皮正面迎上。有时感觉要灰心失望的时候，支撑她的是稻盛的教诲："不行的时候才是工作的开始。"

"对，我必须重新回到经营的原点。如今我能切身体会到这一点。越是这种非常时期，越要与员工团结一心，共同努力。"三井振作起精神，在这一瞬间，经营者的信念和决心在她内心萌生。

开始举办合宿型空巴

工厂火灾使三井发生了转变。之前，虽然她也在举办空巴，但在内心的某个角落，仍然残留着一丝畏惧与踌躇。可是，这一丝迷惑在此时被吹得烟消云散。"身为领导者，为了保持公司稳定发展，为了使员工和他们的家人幸福，我应该怎么做呢？只要有这个强烈的愿望，就没必要对举办空巴有丝毫犹疑。"

工厂发生火灾的第二年，开始举行在外过

夜的员工研修旅行和各部门学习会，这正体现了三井的决心。虽然分室而居，但三井对与众多男性员工同住同食不再心存芥蒂。

大概是感受到三井的魄力，员工研修旅行和各部门学习会并未昙花一现，而成为公司固定的活动。各部门学习会中，大家集中在一个房间，围坐在一起，一边推杯换盏一边讨论。

起初被动的员工也逐渐地积极发言。三井对此感到欢欣鼓舞。"在举办空巴的时候，就连年轻的员工也能提出一些我意想不到的建议，真的令我十分感动。他们成长了。我常常为他们的发言而倾倒，而不是因为喝酒醉倒。虽然还很不成熟，但通过一点一点的积累，我们也走到了这个程度。"

微笑的三井身上再看不到过去被奚落"大小姐"时的阴影，展现出一派自立自强的经营者风采。

2. 花丸

软性子的社长凭靠空巴凝聚团队

创业者中有许多人看起来比较强势，可其中亦有例外。以北海道为中心，经营着十几家回转寿司店"根室花丸"的花丸（北海道根室）公司社长清水铁志就是一个例外。在清水的记忆中，孩童时的自己是一个十分胆小拘谨的人。

1952 年，清水出生于根室市的一个渔夫之家。上幼儿园的时候，每逢玩武士武斗的游戏，清水总是扮演被斩的角色，他的角色就是被斩倒在水洼里。在小学三年级上体育课的时候，他因为不敢说"老师，我要上厕所"，结果尿了裤子。每当课间休息的时候，内向的清水总是一个人在教室的角落里一动不动地发呆。

或许是他胆怯的缘故，高中二年级他患上了红脸恐惧症。对着成年人或同学自不必说，就连和路边小孩子说话，他也满脸通红。最后，一想到要与人讲话他就受不了，在学校门口就红了脸。

"胆小，头脑不机灵，这是我对自己一直以来的印象。就连比我小一岁的妹妹也比我早认识时钟。这种性格和笨拙到现在也没有变。所以。我从来不觉得自己适合做生意。"清水一本正经地说道。

可是，一般胆小的人不会走上企业家的道路。何况清水创办了年销售额达 30 亿日元的回转寿司连锁店，他必然有成为经营者的过人之处。为了探寻根由，我出席了他的空巴。清水凭借稻盛流空巴，找到了经营者的生存之道。

清水创业始于 26 岁的时候。高中毕业后，他去了东京，然而并没有找到理想的工作，于是回到故乡根室。可在根室也找不到工作，无可奈何才开始经营酒馆。可是，一个胆小怕事的人为什么会经营酒馆呢？据说，这与他本人"异于常人的认真"有关。

小时候，每逢与兄弟一起被母亲罚跪的时候，清水总是强忍着脚疼，一直坚持到最后。在高中，所属的羽毛球社团进行跑步训练时，他即便发高烧也绝不懈怠，总是带头跑到终点。他天生就是这种性格。

随着年龄的增长，认真的目标逐渐转向"人应该怎样活下去"这种哲学问题。事实上，高中毕业后，他曾经立志拜某相声大师为师。"我本来就很喜欢相声"，话虽这么说，可是促使他行动的，还有他那不甘于平平凡凡虚度一生的强烈愿望。于是拜师之事最后不了了之，最终放弃。从那之后他加入了剧团，立志成为一名喜剧演员。而经营酒馆也在这一理想的延长线上。清水加倍认真地与人生搏斗着。

一讲笑话就脸抽筋

胆小谨慎的人大多骨子里都极度认真。正

因为太过认真，所以对周围人的看法在意得不得了。清水也有这一面。所以，尽管他十分胆小，但这份对待人生的认真，往往促使他做出一些令周围人诧异的举动。"经常有种活得超出负荷的感觉"，清水用这样的说法表述自己当时的精神状态。

这份反差不断地折磨着清水。在小酒馆开张之后，清水的红脸恐惧症虽然逐渐好转，但仍然胆小怕事。酒馆的工作就是让顾客快乐，但他一讲笑话，就会因为紧张而导致脸抽筋。因此，他每天晚上喝两杯兑了水的威士忌，有了醉意才开店营业。

1994 年，42 岁的清水在某个小镇看见人们在回转寿司店前排队等座。那一瞬间，他灵光一现，"根室的人们正在等着回转寿司"，似乎得到了上天的启示，他决定转行。就这样，"根室花丸"开张了，但他那谨小慎微的个性依然如故。

"我对自己的店有一种强烈的理想。过去，为了实现这个理想，我要求员工必须和自己一样拼命努力。在工作中，同事之间非但不允许谈笑，即使脸上带着寻常的表情，也会招致我的不满。我觉得人必须以全力以赴的姿态投入工作，片刻也不许放松。我经常严厉地训斥员工：'不要一副无可无不可的样子。'结果，顾客说，'这家店铺充满杀气'。"

一般的经营者都会用更好的方法向员工表达自己的想法，但是清水却做不到。清水说不出"希望你这样做"这样的话。"假如这么说的话，员工会怎样理解呢？"一想到这里，他就不安起来，脉搏都变快了。就这样他不断压抑自己，直到忍无可忍，张口提醒对方，结果却变成带着情绪的训斥。在对员工进行集体讲话的时候，也常常因为感情过于炽热而变得强势起来。

清水非常在意员工是否理解自己对工作的热情与认真。每天店铺打烊之后，大家正打算各自回家时，清水却叫住他们，要大家一起出店门，直到停车场坐上各自的车为止。如果员工不与自己在一起，清水就会感觉到不安。清水回忆起当时的情形，苦笑着谈道："因为我过度投入工作，员工的心反而渐行渐远。正因为知道他们的心会离我而去，所以我更加觉得寂寞，于是加倍投入工作，对员工提出更多要求。这完全是自己跟自己较劲。"

不知何时，清水与12名员工在心理上形成了一条无法轻易跨越的鸿沟。然而越小的组织，表面越一团和气，实际上却意外地面和心不和。清水深深地感到沟通的困难。紧张的人际关系对业绩不可能没有影响，清水的店一直在赤字的边缘徘徊。

"社长疯了"

转机的来临是在清水45岁，也是回转寿司店开业刚满三年的时候。

一天，一封挂号信寄到了公司。这是稻盛演讲集的介绍。全套32卷一共16万日元。对于清水而言，这是一大笔钱，但似乎被什么牵引着，他买下整套演讲集，稍后磁带寄了过来。那之后的一个月中，清水守在店铺二楼的录音机前寸步不离。从早上 9 点开始到深夜 12 点，他紧紧地抱着录音机不放，听着稻盛的讲话。他几乎饭也不吃，连到一楼上厕所的时间也不舍得，匆匆忙忙地跑下楼梯，再跑上去。员工们纷纷说，"社长疯了"。

稻盛的教诲完全击中了追求人生意义的清水的心灵。而在稻盛的讲话中，就吸引员工的方法这样讲道：

"把握人心没有诀窍。只有和他们一起喝酒，敞开心扉，赢得他们的理解。"

一听完这一段，清水立马跑下楼，向员工大声宣布"今天举行烧烤空巴"。在那之前，别说酒话会，就连迎新会、欢送会之类加深员工感情的聚餐都没有举办过。这种风格的清水突然要举行空巴，而且亲自跑到超市，买来大量牛肉。

"当时员工们的表情怎样？大概像鸽子吞下了一颗铁弹丸一样瞠目结舌吧！我也记不太清楚了。唯一记得的是自己在超市选牛肉的样子。心想'从此我从孤独中解放了。要用这些肉举办空巴’，我手舞足蹈，欢喜得不得了。”

从这天开始，一有空闲，清水就举办空巴。

店铺打烊之后，把食材放进锅里，加上水煮开，然后大家一起用筷子取食。或者去附近的饭店，一边吃着炖菜拉面，一边推杯换盏。清醒时做不到当面批评员工的清水借着酒劲，也能直接说出自己的看法：“今天你的工作状态有点儿不太好啊！”另一方面，在和老板肩并肩吃着拉面时，员工即使受到批评也并不感到厌烦。

接着去酒馆开二次会。这是一家 12 个客人就能包场的小酒馆，清水他们热热闹闹地唱起了卡拉 OK。清水带头搞气氛，他邀请女员工跳贴面舞，把在一边旁观的人拉到舞台上，尽情欢乐。全体员工还互搭着肩大合唱。“这种一体感简直像宗教组织，是‘清水教’。”连酒馆老板也感到诧异。

这种卡拉 OK 式的空巴，正是清水的风格。只要全场热闹起来，谨小慎微的清水也变得勇气倍增。即使平日在店里与员工没什么交流，但咕嘟咕嘟地灌下酒后，清水也能与他们谈笑风生，打成一片。随着与员工不断地深入交流，原本满布"杀气"的店内氛围也发生了变化。为了活跃全场气氛，清水跳舞跳得汗流浃背，有时还赤裸上身站到椅子上。在旁人看来，这简直像在胡闹，但清水却为此倾尽了全力。

谨小慎微也是长处

清水挠挠脑袋说道："这种又唱又闹的卡拉 OK 式空巴，大概不是稻盛流空巴吧！"可是，这样嬉闹的目的并不是为了宣泄情绪，而是为了打造同心同德的组织。单从这一点考量，清水的空巴正是精彩的稻盛流空巴。稻盛说过"空巴体现对员工的爱"。100 个经营者有 100 种不同的表现方法。

"即使像这样频繁地举办空巴，可是，所谓三岁定终身，我胆小的毛病不可能消失。只是我一直觉得自己最大的障碍是心里有话却说不出口。然而，反过来想想，正因为敏感，我才拥有洞察人心的力量，也许这正是我的强项。通过举办空巴，我多少和员工进行沟通之后才发现这一点。这种意识的转变，使我增加了一点自信。"

对人心敏锐的洞察力不是等闲之辈拥有的才能。的确，清水或许与强势的创业者完全相反，是另一极端的类型，但通过把自己的缺点转变为优点，他觉醒了，成为一名经营者。就这样，花丸整个组织凝聚了起来，业绩得到了提升，在根室的1号店开张6年后、开始举办空巴的3年后，他终于如愿以偿进军札幌。从那之后，几乎每年都有新的分店开张。

在公司的官网上，清水简直如自虐一般，公开了自己的经历。

· 生于根室市纳沙布岬近旁的一个渔夫之家

· 小学三年级，在体育课上，因为不敢向老师打报告，结果尿了裤子

· 初中一年级，被妈妈说"你是兄弟中最没头脑的"，我承认了

- 初中三年级，向父亲提出"爸爸，我要做单口相声演员"，结果被吼了一句"胡闹"，于是不了了之
- 高中二年级，突然患上红脸恐惧症，每天都要在校门口莫名其妙地红一阵脸
- 高中三年级，向父亲提出"爸爸，我还是想当单口相声演员"，结果又被吼一句"胡闹"，又不了了之
- 19 岁，进入札幌的专科学校，积攒下生活费，到东京去治红脸恐惧症
- 20 岁，为了成为单口相声演员，悄悄瞒着父亲，在东京找了工作
- 20 岁，闯进浅草的喜剧剧团，日薪 150 日元
- 23 岁，因郁闷逃离剧团
- 25 岁，落寞地回到根室
- 26 岁，成为酒馆老板
- 42 岁，回转寿司"花丸"开张
- 45 岁，认识了"稻盛和夫"，人生开始改变

没有多少经营者能把自己的羞耻史如此公之于众。

"也许，正是因为我把自己的丑陋、脆弱、窝囊的部分毫无保留地公之于众，才赢得了别人的信任。所以，在空巴中，我常常有意识地把自己的事情和盘托出。社长常常给人高高在上的感觉，但是，只要告诉大家'我这个社长也干过这种傻事'，年轻的员工也会感到亲近。我想，人际关系的第一步就是从这里迈出的。"

清水略带羞涩地讲述了打造组织的秘诀。这正是谨小慎微而极度认真、又略带笨拙的清水发现的经营境界。

3.LEGS

空巴的能量让社长觉醒

"内川先生，我进的不是京瓷公司，而是内川先生您的公司。请您不要再模仿稻盛先生了。"

"对啊。您已经模仿得够多了！"

"一线的员工都很努力，业绩之所以差，责任全在经营层！"

2002 年年末，LEGS 社长内川淳一郎在居酒屋遭受员工的集体炮轰。

LEGS 从事的是促销活动及周边产品的策划销售。1988 年，内川与两个朋友创建公司，业绩直线上升，连续 13 年实现增益增收。2001年在 JASDAQ（东京证交所创业板）成功上市。

可是，上市后形势急转直下。内川判断通

过广告代理商拿取订单，业务规模无法扩大，于是改为与厂商或经销公司直接交易，可客户拓展的进度并不理想，业绩不断恶化，一泻千里。

从 1994 年开始，内川在盛和塾学习经营。"稻盛塾长说过，越是业绩不好的时候，越要通过空巴，与员工一起谈论梦想。不管怎样，先听听大家的意见吧。"带着这样的想法，内川把包括临时工在内的约 100 名员工，每三四人分为一组，带到公司附近的居酒屋举行空巴，花了两个月时间，以开放坦诚的心态听取员工的意见。

"不管好坏，请你把对公司的想法告诉我，我绝对不会生气。"

然而，从员工嘴里说出的全是对经营层苛刻的批评。因为被抱怨得实在太狠了，原本打算彻底扮演倾听角色的内川也按捺不住性子，"你说什么！？"就要拍案而起时，同席的董事们慌忙劝阻："内川先生，我们说好的，现在先安静地听。"

业绩恶化导致不满的爆发

他加入盛和塾，在经营中积极地引入稻盛思想，把公司做大，并且成功上市。身为经营者，他为自己的努力感到自豪。但他却被员工打上"不配成为经营者"的烙印。

因为在员工看来，他不过是一个从表面上理解稻盛的教诲、自以为是的"抄袭者"。回首过去，内川说道："过去只是因为业绩掩盖了所有不满。而我并没有意识到这一点。"

过去，内川也曾经效仿过稻盛举办空巴。他也曾打算敞开自己的心怀，与大家掏心窝子。因为并没有听到明显的怨言，所以他一直以为与员工是有默契的。可是，实际上，内川一厢情愿地企图说服员工，并没有引导员工说出真心话。随着业绩恶化，员工开始不再压抑，对经营者积蓄已久的不满一下子爆发出来。

尽管心中满是不甘，但一股不服输的逆反之心涌上内川的心头。在部下的真心话面前，一股能量油然而生。这股能量带来了扭转内川想法的力量。真正的稻盛流空巴，就是拥有这样巨大的影响力，撼动人的心灵。我第一次对此有切身体会。内川说道：

"简直是糟透了，真可气。不过，正因为员工不折不扣地讲出了心里话，我才明白，过往举办的空巴，根本不是稻盛流空巴，没有使人敞开心扉，真心相碰，这样组织根本无法做到坚如磐石。在发现这个事实的瞬间，我内在的经营者意识觉醒了。你们走着瞧，我一定会想尽办法，重建组织。"

回首过去，在三人刚刚创立公司的时候，那时他们还不知道稻盛流空巴，却能赤诚相见。工作结束后，三个人一起到居酒屋喝酒，或同乘一辆车去吃晚饭，热烈地讨论工作上的问题和公司的前景，直到夜深。有时，他们还会在内川家留宿，讨论到天亮。内川感慨道："那时的空巴才是真正的空巴，虽然完全没有指定主题，也没有流程和主持人。"

随着公司规模的扩大和人员的增加，即便举办空巴，内川不知不觉地再也不说心里话。

应该说，是说不出真心话。因为，对什么人把信息公开到什么程度，界线越来越模糊。虽然依照稻盛流空巴制定主题展开讨论，结果却只不过是徒有其形。

与员工产生代沟的责任在于自己

经营者通过空巴与员工同饮共食，积极地融入员工之中，敞开心扉，真心交流。只有这样，才能构筑超越工作的人与人之间的关系。所谓对员工公开信息的分界线，实际并不存在。划下界线的是内川自己。投身员工之中，开诚布公地说出心声，这正是在企业经营中凝聚人心、实现大家族主义的第一步。

通过空巴，内川意识到自己身为一名经营者的稚嫩，制定了开拓新客户的数字目标，亲自带头投入销售之中。他的热情中带着紧迫感，干脆利落。这样一来，一名又一名的员工追随着他的背影，燃起了斗志。

而空巴也比过去向前迈进了一步，经营者与员工之间变得坦诚相见，无话不谈。

"会议或者晨会上的讲话更多偏道理上的。还是在一起吃饭的时候，更容易说出心声。比如，虽然知道某位员工比较消沉，但在晨会上，当着大家的面，很难直接批评。但一起空巴的时候，就可以直接鼓励员工：'你这样做比较好。'这样一来，员工也能提起干劲，而人与人之间的情感也得到了很好的沟通和加强。空巴能起到黏合剂的作用，能加深人与人之间的来往。"

还有，新员工由于一直在给上司做一些复印之类的打杂工作，工作的积极性往往会逐渐减低。每当这个时候，内川就在空巴上让新员工讲述自己未来打算如何成长、有怎样的梦想。并谆谆教导他们，现在的工作是实现成长与梦想的一个阶段，激发他们的干劲。

内川强调："通过工作，实现自我成长，达成自我实现，同时获得稳定的经济收入。我告诉员工，这些机会和保障都需要公司提供，所以经营者和员工要一起努力。如果经营者和员工不齐心，把公司仅当作赚钱的地方，变成

'付款机'，成长就会停滞。"

就这样，随着坚持不懈的努力，你会猛地发觉，像内川一样不分昼夜、拼命工作的团队已经形成。

100 人一起号啕大哭

距离首次坦诚相见的空巴，又过了两年。2004 年末，LEGS 的 100 名员工在东京都内的宴会厅汇聚一堂。他们是来参加忘年会空巴的。

LEGS 的财务决算期是 12 月份。2004 年 12 月的业绩还没有完全确定，但时隔四年的业绩回升基本上已经尘埃落定。

宴会的开始，内川起身致辞。

"诸位拼命努力，一直工作到深夜，真的非常感谢……"

话到这里却已泣不成声。为了爬出亏损的深渊，是如何不顾一切地工作，是如何咬紧牙关坚持，是如何向前突进……内川心中百感交集，禁不住落下泪来。

在场的全体员工感同身受。无论被拒绝了多少次，都坚持找客户、跑业务。无论面对客户怎样苛刻的要求，都全力以赴地响应。因此，他们能深深地体会内川的心情。

不知何时，在场的上百人放声大哭起来。其中甚至有些员工为了强忍泪水，用力过猛捏碎了手中的玻璃杯。全体员工的心完全连在一起，内川感叹："如果只有我一个人单打独斗，员工们没有理由哭泣。可是，就像火苗越烧越猛一样，所有人都哭出声来。不是一两个人，而是100个人一起哭起来。我第一次感到，'组织'的力量竟然可以如此强大。"

业绩恢复后，又过了十几年。现在虽然经历了一些坎坷，LEGS仍然在持续发展。销售额增加到115亿日元（2014年12月止的财年），约为当时的两倍。2015年2月，LEGS从JASDAQ转到东京证交所市场2部上市。

"举办空巴能让经营者与员工相互看清对方真实的本性，也就是所谓的人格品性。如果表里不一，员工必定不愿追随。经营者必须保持光明正大。实际上，经营者内心也很害怕，可是唯有与员工构建毫无保留的家人般的关系，才能打造最强组织。稻盛流空巴就是如此至关重要的场所。"

通过与全体人员一起举办空巴，内川发现了自己身为领导者的无知，并知耻后勇，开始严格律己。空巴是重新发现经营者力量的场所，现在仍然发挥着巨大的作用。

4.DUKS PARTNERS

令落榜生改头换面的"终极大家族主义"

稻盛流空巴是如何改造人的？为了探寻被改造者、而不仅仅是改造者一方的故事，我到位于东京都大田区的DUKS PARTNERS公司探访了社长本田章郎。该公司的主要业务是汽车玻璃更换服务。它是鸟取县米子市DUKS控股公司的子公司，负责管理首都圈的业务。母公司创业者大畑宪作为一名稻盛的"追星者"为众多塾生所熟悉，只要是稻盛出席的盛和塾例会，他必然赶去参加。在大畑的带领下，本田从一名后进分子成功变身，成为一名经营者。

办公室是利用店铺所在公寓的一套房间改造的。这是一套带客厅和浴室，再寻常不过的住宅公寓。我被带到6个榻榻米大小的和室中。

"别客气，请您放松双腿。"

在本田的催促下，我盘着腿，与他隔桌对坐。墙上挂着空巴的相片。据说从 2008 年公司成立开始，公司几乎每天坚持举办空巴。空巴的地点就是这个 6 张榻榻米大小的和室。

"我自己就是通过空巴开启了真正的人生。"

自称喜欢空巴的本田说着开始讲起过去的故事。

两年间辗转换了 8 份工作

本田于 1972 年出生于鸟取市。在他 9 岁的时候，父亲因脑出血突然去世，原本不富裕的家境变得更加窘迫，接连多日，债主追上门来，对母亲威吓逼迫。本田不堪忍受这样的日子，逐渐与一些境遇相同的伙伴走上了错误的道路，并多次被带到警察局。

高中毕业之后，本田找到了工作，可是，一旦手里有一点钱，他就贪图安逸而跳槽到约束较少的公司。等玩了一段时间，积蓄花光之后，他又到工资较高的公司上班。工地现场、卡车司机、零部件公司等，在高中毕业之后的短短两年间，本田竟然辗转更换了 8 家公司。

被卷入职场斗争而被公司扫地出门的本田通过熟人介绍，去了 DUKS 面试，这是他 20 岁时候的事情。他开着心爱的座驾本田里程，把车大大咧咧地横放在公司前，穿着大红皮外套，坐在大畑面前。

"这份工作薪水有多少？我还有很多汽车贷款要还，钱太少的话可不行。"

本田的恶劣态度，招来了大畑的痛骂。

"你是个大笨蛋吗！一份正经工作也没有，成天游手好闲，像你这样的家伙开这种高级车，早了 10 亿年！正因为你不努力，混日子，才变成今天这个鬼样子！今后你打算怎么度过人生？你到底想不想幸福！？"

我不过是来面试，凭什么被你大骂？开玩笑也要有个限度——本田想。

"如果一定要我选，没有人不想幸福吧！"

"既然想幸福，为了弥补你过去的懈怠，

就需要付出超出他人两三倍的努力。跟着我吧！在我这里彻底地锤炼自己，我会让你幸福的。"

本田张嘴正要反驳，却硬生生地刹住了。大畑的话不可思议地刺中了他的内心。

"你们是我第17、18个孩子"

进入公司不久，本田就因为多次违反交通规则，而被临时吊销驾驶执照，上下班十分不方便，因此曾经在大畑家里借宿过一段时间。在上班前或者回家后，本田一边吃着大畑妻子睦美亲手做的饭菜，一边接受大畑对他一举一动的教导。比如在夹菜的时候，不能只顾自己，要先夹给别人。据说这是对与自己共餐的人的关爱。就像大人教育小孩一样，大畑每日在本田耳边苦口婆心，循循善诱，尽管本田不胜其烦。在一个月后，本田开始从自己家上下班，即便如此，每当对本田的工作态度不满意，大畑就把他叫到自己家里，一边给本田的杯子斟酒，一边指出他的不足之处。

令本田十分惊讶的有两件事。

第一件是大畑所讲的内容。一般的经营者为了让新员工尽早独当一面，都会手把手地教员工工作的程序等。实际上，本田以前就职的公司的上司就是这么做的。可是，大畑在酒桌上绝口不谈工作的事情，而是反复告诉本田，人应该怎么活着，怎样做才正确。

另一件事就是大畑夫妇对亲生儿女所说的一番话。

"你们是我第 17、18 个孩子。爸爸的公司里有许多像本田那样为我们工作的孩子们，正因为有他们，你们才有饭吃。"

大畑先生总是优先安排本田等人用餐，而让当时还是小学生的自己的孩子排在后面。

当时，DUKS 有 16 名员工。每当在人前提到他们时，大畑总是说"我家的孩子们……"，对此本田一直很在意。起初，他以为这不过是大畑以父辈自居，后来却发现，大畑是真的把员工当成自己的孩子对待。否则，他也不可能让亲生孩子们排在后面用餐。除了本田，还有许多员工在大畑家借宿过，不仅仅是父亲大畑，连母亲睦美也不理睬孩子们"肚子饿了"的吵闹，先端出饭菜请员工用餐，泡澡也是员工优先。

为什么他们夫妇能爱我们到这种地步？触碰到大畑的爱，本田的心扉渐渐打开。

虽然做不到大畑那种程度，在传统中，上司也常常邀请下属到自己家里，让妻子亲自下厨款待。在现今这个时代，也许有不少人对这种亲近的关系敬而远之，但让部下走进自己的私生活，能一下子拉近心理上的距离，谈话中才开始带上人情味。没有比"家"这种地方，更适合加深人与人之间的交流。

空巴中员工的二级分化

事实上在那个时候，大畑尚未加入盛和塾。他是 1996 年入塾的。原本就在摸索如何塑造家庭化企业的大畑自从遇见稻盛之后，更快马加鞭地推进这一经营风格。在稻盛"要把与员工一起用餐优先放在家人之前"这句话的推动下，大畑比过去更加频繁地与员工在一起喝酒交谈。他在汽车的后备箱里装满电饭锅、菜锅、大米，驱车巡视各店铺时，就在作业车间的地板上铺上厚纸皮，举行空巴。

大畑模仿稻盛流空巴，为空巴设置了主题。有些是关于工作的主题，比如"做出成绩的店长和做不出成绩的店长之间的差距在什么地方"等，有些是关于人心的问题，类似"如何培养利他之心"之类。他尤其注重稻盛哲学的渗透，常常轮番阅读稻盛的著作，在空巴中交流其中的内容。

为空巴设立主题，似乎能更加便于深入讨论，可是，在这个过程中，员工逐渐分化成两种类型。一种是双眼变得闪闪发光的员工，另一种是无法融入这一氛围的员工。在空巴中，好几次甚至有人拍案而起："什么哲学不哲学的！简直跟傻瓜一样，我才不干！"然后辞职而去。可是，与之相反，在内心的某处隐隐约约期待这种思维方式的员工则有了显著成长。本田就是其中之一。

"以前和朋友们一起喝酒时，尽是聊打弹子机赢了多少钱、哪个酒吧有漂亮姑娘，对此我渐渐厌烦起来。每当我谈道：'我现在从事的工作有这种价值'，他们就会对我敬而远之：'你好像变了'，于是与我渐渐地疏远起来。我觉得，每一个人在内心深处，都希望能认真工作，成为一个对别人有用的人，都希望能认真努力地活着。对我个人而言，激发我这一期望的就是空巴。"

即使本田也有了自己的部下，但每当有烦恼时，他就抱着半打罐装啤酒或一大瓶日本酒，跑到大畑家。或者在自己百思不得其解之后，他还是会忍不住跑去找大畑商量，常常上门时已经是半夜 12 点，尽管明知自己这样贸然打扰十分鲁莽，但像这样的经历数不胜数。

有时，大畑已经躺下休息，可是他从来没有让本田吃过闭门羹。太太睦美把大畑叫醒，然后做一点儿下酒菜，两人一起聆听本田的倾诉直到天亮。他们总是拿出自己家的酒招待本田，从来不动本田带来的酒。"这个你拿回去与部下们一起喝吧!"在临别前,睦美总是让本田把酒带回去。

输入能量"变得更好"

就这样,本田在人格上获得了长足的进步。他36岁被委以重任,进军东京。现在当上社长的他像大畑过去所做的一样,通过空巴倾注对员工的爱。近来,随着店铺扩张,管理人员的培养非常重要,考虑到这一点,他经常举办与店长一对一、或者一对二的空巴。地点就在总部的和室,或是居酒屋的包间。"喧嚣嘈杂的环境会干扰我的情感表达",所以,他尽量选择安静的场所。

最近才举办了一次一对一的空巴,对方是一位意志消沉的店长。本田说了这番话:"你愿意跟着我这样不堪的社长,这给我带来了莫大的幸福。可是,你的身后,也有人拼上了自己的人生跟着你。闭上眼,仔细想想他们的脸——看见了吧。绝对不能让他们流落街头。而他们注视着的,不是我这个社长,而是你的背影。"

在 3 个小时的空巴之后，这位店长流下了眼泪："我满脑子想的都是自己，没有好好地对待下属。从明天开始我会努力。"然后离开居酒屋。

本田用强大的能量直接冲击失落的员工，在空巴中为员工"输入能量"。

"我一边谈话，一边内心默念'变得更好，要变得更好'。在谈话时，只要心中满满地装着对方，对方就真的会改变。我想，这就是所谓的将心比心。相反，在劝诫、引导人的时候，如果对自己所说的话哪怕有一丝不自信，对方就无法体会你想传递的思想感情，也就不可能改变。正如稻盛塾长所说，一切事物都是内心投射的映像。"

在空巴中把"气"输入给对方，这是大畑的教导。倾注自己的心意，向四面八方传递能量——这在公司内，常用"气"这个字来形容。本田正是如此按下员工心灵的启动键，就像他曾经通过空巴，开启了人生一样。

　　在鸟取的时候，本田模仿大畑，把员工请到自己家中款待。在东京，因为是单身赴任，因此没有办法那么做。可是，当时在本田家中喝过酒的部下们如今在东京，常常把资历浅的员工叫到家里，让太太亲自下厨招待。尽管现在的社会中，越来越多人喜欢在人与人之间保持一种淡如水的人际关系，但大畑付出的爱却被孩子们一丝不苟地代代相传。

5.403公司

克服半途而废的危机，打造以临时工为主角的空巴

"对不起，请问稻盛是谁啊？"

2005年3月，403公司的社长岩本政一接受了盛和塾的入塾面试。

岩本在山梨县经营"CLEANING 403"洗衣店，当时已经陷入亏损的窘境。此时，对苦恼的岩本伸出援助之手的，是总部同在山梨县、经营食品超市的SELVA公司社长桑原孝正。桑原把盛和塾的入塾指南"啪"地递给岩本，说道："一起学习经营怎么样？后面有入塾申请书，你去参加面试看看。"

平日，岩本有了什么难题都去请教桑原，对他而言，桑原就像老师一样。老师的建议不可能拒绝，于是按照桑原所说，他寄去了申请书，并赶到东京的面试会场。

面试官是盛和塾的资深经营者，大概有 10 人左右，一字排开。其他接受面试的经营者都侃侃而谈："我读了稻盛先生的《活法》，很感动，非常希望接受他的指导，所以今天才来到这里。"

可是，岩本别说稻盛的教导，连稻盛是何方神圣也不知道。当时岩本每日醉心于工作，从未接受过任何关于企业经营的学习。既没有正经看过报纸的经济报道，也没有读过经营书籍。

所有面试官目瞪口呆，问道："你连稻盛先生也不知道，到底干什么来了？"

"呃……我听说有盛和塾这个组织，所以就来看看。"

"那么你肯定不合格啊。"

看情形，似乎岩本马上要被当场拒之门外。

对于岩本而言，假如在这里被刷下来，简

直就像在给老师的脸上抹黑。

"请等一等！在回到山梨之前，我一定买一本稻盛先生的书来读。而且，我还会写读后感发给你们。我绝对会认真学习的，请务必多多关照！"

他恳求着，也许被他的诚恳打动，面试官勉强让他入了塾。

只会打架斗殴的初中时代

岩本出生于 1965 年，老家在静冈县沼津市。从祖父那一辈开始经营洗衣店，到他是第三代。

上初中后，岩本每日只知道好勇斗狠。那些年，学校暴力已经成为社会问题，岩本也是事事诉诸暴力者之一。因为打伤人而被叫去警察局，已经不是一次两次。就在他就要被送进少管所的时候，他母亲低声下气地拼命哀求："请再放过他一次，就一次。"别人才勉为其难地放过了他。

从法院回来的路上，坐在公共汽车里，母

亲脸上那悲伤的表情，岩本至今无法忘怀。在那时，一种想法在心中油然而生："我不想再给家里添麻烦了。今后我要在洗衣店里工作，好好地生活。"于是，他对妈妈说："妈妈，我原本就想开洗衣店，所以还是先到外面学习一下吧！"就这样，岩本16岁去了东京。

3年后，也就是1984年，岩本回到老家，帮助打理家里的生意。不久，借着市场的好景，销售额一路扶摇直上。岩本对经营也越来越自信，向掌管老家店铺的祖父及父亲建议开办连锁店。

然而，"不行！不能再扩大规模！"岩本的建议遭到了祖父及父亲二人的反对。既然如此，那我就自己单干。岩本离开了家，在妻子阿惠的娘家所在地山梨县富士吉田市创建了403洗衣店。当时，富士吉田市的邮编为"403"，所以给公司起了这个名字。当时是1992年，他27岁。

妻子看店丈夫熨衣

在 10 坪（33 平方米）大小的店里，妻子看店，岩本熨衣服——一切从这里开始起步。

洗衣店属于装备产业。1 台洗衣机高达数百万日元，而且要先投资，然后再花好几年收回资本。虽然鼓着一股劲儿开了店，但岩本对经营的方法一窍不通。

虽然，从早到晚拼命工作，销售额增加了，但贷款也随之增加，资金周转仍然不胜负荷。夫妻两人有 4 个孩子，既要经营店铺，又要养育孩子，岩本夫妇只得拼命劳作。

然而，由于急于开办连锁店，费用不断增加，结果造成了灾难，在 2003 年 7 月、2004 年 7 月连续两个年度陷入亏损。"我这么努力，为什么却还是这样……"正在此时，岩本通过桑原的介绍加入了盛和塾。

岩本 16 岁就开始工作，阅读汉字很成问题。对他而言，要一页页地读懂满是汉字的稻盛著作，需要花费很多时间。他在工作中见缝插针地阅读《活法》。为了读懂这本书，他反复查阅字典，花了整整三个月时间。可他越学习越被稻盛的思维方式所吸引。岩本毫不气馁地读了一本又一本，不仅仅用双眼，他还用耳朵学习，每日必听稻盛讲演的磁带。

"销售最大化，费用最小化"——稻盛简明扼要的教导深深地在岩本心中回响。

过去，为了不被看作吝啬的经营者，岩本无法张口叫 40 名员工努力节省费用，更何况是说出亏损的事。岩本回顾这段往事时，说道："不过是好面子罢了。"

还有，另一个刺中岩本心房的是稻盛在空巴方面的思想。稻盛主张"在工作中、会议中不好启齿的事情，应该放在空巴的酒桌上讲"。

岩本甚至还查过空巴这一词的来源，它来自于英语 company（伙伴、公司）。

"原来如此。所谓公司就是一群伙伴的集合，与大家同饮共食，提升伙伴之间的集体感，这就是空巴。"岩本认识到这一点，是在加入盛和塾半年后，也就是 2005 年 9 月，他把大家召集到位于富士河口湖町的总部 2 楼的休息室里，请员工喝酒吃零食，一咬牙把财务上的艰难和盘托出。

"抱歉过去瞒着大家，其实我们公司已经连续两年亏损。我想依照稻盛塾长提出的'销售最大化，费用最小化'的思想，请大家尽可能地节约。"从那时开始，被岩本诚恳的语气打动的员工们开始伸出援手。

"因为我的错误认识，才没有与员工构筑直言对错的信赖关系。"

至此，他似乎开始有些明白，什么是经营。

无法缩短与员工的距离

可是，正当业绩逐渐回升时，岩本再次陷入困境。与员工间的心理距离，本来通过空巴已经缩短，可刚过半年，这个距离却再次拉开。原因是岩本在处理一位员工的劳务问题上，引起了其他员工不信任感。他与员工的交流常常陷入冷场，最后，连空巴都中断了。在公司里，岩本饱受着孤独的折磨。

岩本疯了一般地阅读稻盛的书籍，竭尽全力地领会其中含义，打算一改经营者的态度。不久，公司逐渐从经营危机中走了出来，可是，烦恼仍然没有尽头。

"我本来打算拼命努力，发自内心地重新经营，为什么总是如此挫折重重。"岩本心中涌起了一种近乎自暴自弃的心情，工作结束回到家后，也牢骚满腹，抱怨连连。"要想想办法才行"，他心中充满焦躁不安。

2006年6月，岩本和妻子阿惠首次参加了在栃木县足利市举办的盛和塾例会。在例会的后半段，塾生们围着稻盛问问题。

不知道是不是受到平日烦恼的刺激，岩本下意识地举手："可以问一个问题吗？"出乎意料地，稻盛直接点了他的名。

本来他打算请教洗衣店的定价问题，但却不由自主地说出了自己与员工之间在人际关系上的困扰。把员工不肯听从自己、追随自己的话也和盘托出。

稻盛静静地听着，然后以劝诫的语气说：

"请您首先要为员工着想。提升他们的待遇，把洗衣店办得有声有色。"

"啊！原来必须真心真意地为员工的幸福着想，否则就行不通。"那一刻，岩本领悟到自己的错误，领悟到自己并没有做好一个经营者。

再仔细想想，岩本的确是按照个人的好恶来判断员工。对能干的人比较钟爱，对不太能干的人，尽管嘴上不说，内心却想"为什么这么简单的工作也做不好"。就像恋爱一样，只凭一己好恶感情用事，而并没有在员工身上付出家人般的感情。

自己一心只想把家里的店做大，保障生活来源。员工并不是伙伴，只不过是生财的工具。自己内心难道不是充满这种自私自利的想法吗？当岩本认识到这一点时，在心中暗暗发誓，要从零开始，从头再来。

岩本这样回顾当时：

"在盛和塾，每当召开例会时必然举办空巴。虽然我只是山梨县一个小小的洗衣店经营者，但那些公司规模比我大得多的前辈们从来没有轻视过我，而是认认真真地听我讲述自己的烦恼。他们满怀父母般仁爱之心，回答我的问题，有时还会说'去问问塾长吧！'然后把我带到塾长跟前。我自己通过空巴，得到不少人的支持，对此我深怀感谢。因此，在公司的空巴中，我必须以加倍的爱聆听员工的话语。过去，我缺少这种自觉。"

在白天举办空巴提升出席率

重新举办一度中断的空巴时，岩本首先站在员工的立场，为员工着想。403 除了 7 名正式员工之外，有 33 名临时工，大多数都是家庭主妇。她们因为家务和孩子的关系，晚上不方便参加空巴。于是，岩本把"月例空巴"放在白天举行。

月例空巴一个月举办一次，举办时全店休业。上午是稻盛哲学学习会及各部门的课题交流，之后转移到附近的居酒屋，从正午开始一边用午餐，一边举办空巴。结束的时候大约是下午3点。这个时间结束便于担任临时工的主妇们赶回家准备晚餐。而居酒屋则是找一些白天不营业的店专门为他们开门服务。

在月例空巴之外，每个部门一个月举办一次空巴。地点时间根据该部门员工的实际情况灵活安排。部门中如果有孩子的员工较多，就利用午休时间边吃午饭边举办空巴。有的部门在打烊之后，在总店二楼休息室一边吃火锅一边交流。

每个月共举办8次的部门级空巴，岩本基本都亲自参加。

"我自己从早上5点开始到总公司的工厂工作，然后再出去参加空巴。要说身体上感到不累是骗人的。可是，因为体会到与员工团结一心的重要性，所以我非常积极。工作起来，心里也十分快乐。"

委任主妇临时工担任干事

事实上，在我向岩本打好招呼，正打算开始采访时，有这么一个小插曲。

"与其听我说，不如您先听听员工们的话。我已经提前通知她们，可以自由发表自己内心的想法。她们在旁边的房间等着您，也许她们会告诉您空巴这种东西毫无意义。"

我听了6名员工的讲述，与岩本担忧的不同，从这6名员工的口中，我接连不断地听到了许多展现空巴具体成果的小故事。在总部洗衣工厂工作的生产部主任宫下朋子在多次参加空巴的过程中，了解了部门员工的人品。

"大家相互了解，如果有人工作得很晚，身边的人就会很自然地帮助她。团队精神也建立起来。与过去人人漠然地做着自己的工作，一下班就急着回家的情形相比，有很大不同。"

以宫下为首，有3名女员工现在担任各部门空巴的干事。这是因为在女性占多数的公司，女性在听取同性意见时，比岩本或其他男性干部更容易察觉微妙情绪。营业部主任外川加住回忆她刚刚担任干事时，说道："晚上8点工作结束后，在邀请大家去外面的居酒屋时，有许多人明显有抵触情绪，认为'为什么去居酒屋还要正儿八经地讨论问题'。起初没有多少人愿意来，老实说，我曾经为此气得哭起来。尽管如此，但因为意识到通过空巴建立信任关系的重要性，所以我在召集方法上下了许多功夫。"

外川在工作结束后，首先在店内召开会议，通过讨论活跃气氛，然后借着会议的势头，推动大家到居酒屋继续讨论，以此提升空巴的出席率。

男性干部的想法也发生了变化。岩本的长子、甲府区店铺的总负责人岩本笃也对空巴的意义有切身体会。过去，对那些因为孩子在学校有活动而请假的临时工，岩本笃其实抱有不满，认为"工作正忙的时候，怎么能请假呢？"然而，通过空巴，在与临时工加强沟通的过程中，他的认识转变了。

"我终于深刻地认识到，她们在拼命地努力使工作、育儿两全其美。所以，后来当临时工们因为孩子的学校活动请假的时候，我就积极地提供支持。"

凭借空巴提升员工的主动性

403 从真正意义上开展稻盛流空巴，已经走过了 8 年。员工们的自主性切实得到了提升。即使没有上级的指示，员工们也能为了增加新顾客，主动凑在一起讨论宣传单的设计方案。在加入盛和塾之前，也就是 2004 年 7 月，销售额为 1 亿 2500 万日元，大约在 11 年后，2015 年 7 月为止预测的财年销售额翻了一番，为 2 亿 5000 万日元。过去，经常利润曾经一度陷入赤字，现在却能保证 2500 万日元的盈利，销售额、经常利润都达到了史上最高水平。

在结束对员工的采访后，我再次聆听了岩本的讲述，他吐露了自己的心声。

"以前的我不信任员工，根本不可能让她们接受采访。即使让她们接受访问，也一定会事先做好具体指示，让她们不要透露对公司不利的信息。现在之所以不那么做，也许是因为我身为经营者的器量变大了一点点吧。"

最近，经常有盛和塾的经营者请教岩本

"如何让主妇临时工参加空巴"。可是，他说感觉这个问题很怪异。

"我反而想问问他们，'对男性员工也有同样的疑问吗？'这个问题本身，就有一种把主妇临时工当作特殊人士来对待的感觉。"

无论是正式员工还是临时工，无论是男还是女，他们都是为公司付出劳动的员工。对此应该表示感谢，应该站在对方的立场思考。如今的岩本把这视为理所当然，正因为如此，他才能满怀自信地说出这番话语。

第五章

解决导入空巴的烦恼

很多人草率地认为，举办酒话会很简单。

其实只有在举办空巴之后，才会发现，

各种各样的问题随之发生，令人头疼不已。

因此，本章公开了 9 名盛和塾塾生举办空巴时面临的问题。

他们是如何克服障碍的？

让我们一起学习让空巴文化扎根的经验及方法……

Q1 我不会喝酒怎么办？

回答者：日向中岛铁工所岛原俊英社长

A

先说结论，没有必要勉强自己喝酒。稻盛流空巴的着眼点是在轻松的氛围中敞开心扉交流，由此构筑信赖关系。原则上，在同一个场所共享相同的氛围才是关键。体质明明不适宜饮酒，领导者却不惜搞坏身体也要咕嘟咕嘟地大口灌酒，或者强迫不会喝酒的员工饮酒，都是不可取的。

会喝酒的人喝酒，不会喝酒的人手持软饮料加入空巴就好。领导者如果自己体质不适宜饮酒，可以四处游走，为员工们斟酒。像这样在细节上下功夫，提升团队的一体感。

我在宫崎县日向市经营一家食品加工机械厂，员工大约 70 人。我并不会喝酒。大学毕业后，在一家水泥相关的公司从事机械设备制造工作，1999 年进入了父亲创立的日向中岛铁工所工作。随后，2001 年，我继承了父亲的事业，38 岁时出任社长。

加入公司以后，几乎没隔多久，我就担任了领导者。因此，我的工作资历比有的员工还要浅，起初感到很愧疚。带着这样的心情，我想拉近与大家的距离，于是勉强自己喝酒，结果搞得一塌糊涂。

为了犒劳员工，我曾经去客户的机械装配现场探班。因为是大年三十，工作结束后就是宴会，席间大家开始四处走动，相互敬酒。我害怕拒绝喝酒会破坏气氛，于是硬着头皮一口喝完。很快就感到恶心，跑到厕所后，自己就走不出来了。

这件事之后，我在空巴中不再喝酒。稻盛流空巴的目的之一是把经营者的思想传递给员工。可是，如果体质不行却硬喝酒的话，连话都说不清楚，更何况是表达自己的思想。我认为，既然如此，一开始就应该向员工公开声明自己不会喝酒，控制好自己比较妥当。

当然，这并不是要中断举行空巴。因为要

加强与员工的亲密度，可以举办赏花会、夏季节、忘年会等，甚至可以比一般的公司更加频繁地举办内部活动。每当这时，我就四处为员工斟酒，彻底扮演聆听的角色。

我们公司工匠师傅很多，的确有员工认为不一起喝酒就什么都干不了。我接受这种想法，通过让对方喝酒，引导他们讲述平日的想法。

不会喝酒也能举办空巴。空巴是否高效取决于经营者能否真心融入员工，是否具备与员工诚心交流的决心。只要有这种决心，就能实现空巴经营。

Q2 空巴费用负担大，怎么办？

回答者：LEGS 内川淳一郎社长

A

每次空巴的费用都由公司负担的话，也许会变成一笔庞大的开支。不过，也可以通过一些小创意，减轻这个负担。

诀窍就是把空巴的费用与业绩挂钩。在LEGS 有一个机制，如果单个月份销售利润盈利的话，下一个月公司负担的空巴预算为每人3000 日元，但亏损的话，预算就要减半，变成每人 1500 日元。

靠这种方法，在业绩不好的时候，就能减少空巴的费用负担，削减成本。另一方面，在员工看来，为了获得充足的预算举办空巴，也会更加勤奋地投入工作，这也算一种物质激励。只要整个公司的业绩得到提升，筹措空巴的费用就不会成为一种负担，所以，我觉得把它和业绩挂钩是合理的。

同时，要尝试与公司附近的酒馆、饭店交涉，因频繁光顾，请他们把价格降下来。站在酒馆饭店的立场来看，他们也能有稳定的客源，绝对不会认为这是一件坏事。

在 LEGS，只要在公司外面举办空巴，一定会指定公司推荐的居酒屋。我们还让居酒屋专门定制了每人预算 3000 日元、两小时内酒类不限量供应、含晚餐的特别套餐。

尽管如此，只要在公司外面举办空巴，成本都很容易变高。所以，LEGS 在公司内设立空巴室等，尽量在公司内举办空巴。

即便由公司负担空巴费用，也有很多种控制成本的方法。大家一定要集思广益，仔细研究。

3 分公司在外地怎么办？

回答者：SELLTS COMMUNICATIONS 立见嘉洋社长

A

现在 IT（信息技术）工具日益发达。如果用好这些技术，即便分公司在外地，也能举办稻盛流空巴，形成一体感。

SELLTS COMMUNICATIONS 的总公司在滋贺县长滨市，从事女装鞋策划销售，此外，在埼玉市还有一个营业本部。两个办公地点之间距离约为 450 公里，各有 10 名员工。为了使员工之间不会受到距离的影响而沟通不足，每月第一个周五下午 7 点开始，两地利用电视会议系统，使用专线连接两地，同时举办稻盛流空巴。空巴开始之前，从 5 点到 7 点举办"哲学学习会"，学习稻盛塾长的原理原则，提升员工的一体感。

举办空巴的场所是墙上挂着照片的"稻盛塾长室"。两地都有这样的房间，结构布置也

完全相同。为了让两地产生一体感，双方各自
从附近的超市买来食材，制作相同的料理。菜
单由干事在每人 1000 日元的预算范围内选择，
或是章鱼烧，或是火锅，应时节不同，桌上的
料理也花色繁多，百变多样。有时也会叫送餐
公司送外卖盒饭。

最近，电视会议系统的麦克风和影像效果
非常好。在空巴中大家就一个主题展开讨论，
交流顺畅，可以让人产生一种"两地员工在同
一个房间"的错觉。而且，一套会议系统大概
在 100 万日元，价格不过是过去的几分之一。
没有理由不使用这样的工具。

即便因为预算不足，难以导入会议系统，
也可以利用网络视频等较为经济的方法解决
问题。

当然，让全体成员集中在同一个地方十分
重要。没有什么沟通手段比面对面交流更加亲
近。SELLTS 也每季度一次把总公司和营业本
部的 20 名成员全部集中起来，这一次到滋贺，
下一次到埼玉，像这样在据点附近的饭店里聚

集在一起举办空巴。

如果不方便使用 IT 工具，或者不方便把员工聚集起来，经营者也可以腾出时间，赶到各个分支机构举办空巴，构筑信赖关系，这十分关键。

我每周会有一半的时间留在总公司，另一半时间赶到埼玉的营业本部，从不忽视与员工之间的沟通。如果不具备这种热情，就无法把领导者的思想渗透到每一个员工心里。

Q4 开车上下班的员工比较多，不能喝酒怎么办？

回答者：昭和住宅湖中明宪社长

A

在地方上的企业，许多员工开车上下班，因为喝不了酒而无法举办空巴，这是个常见的问题。可是，只要发挥聪明才智，这个问题就能够得到解决。

基本的方法是事先确定"值班驾驶员"，这个员工因为要驾驶而不喝酒，由他负责接送其他人。还有一个选择就是利用专业代驾服务，不过这需要花费相应的成本。

在昭和住宅，常常在我家里举办空巴。我家离总公司大概有 20 分钟车程，于是，我们事先确定值班驾驶员，由他负责搭载其他人到会场。回家的时候也由值班驾驶员送其他人到最近的电车站，而与值班驾驶员家方向相同的人，也可以让驾驶员负责送到家。

值班驾驶员一般由不会喝酒的人担任，但是，如果每次都是同一个人，容易令人感到有失公平。所以，包括会喝酒的人在内，可以采用轮流的值班制。

不过，如果举办在外过夜的活动，有些行业很难实现全员参加。尤其是24小时不间断开工的工厂或者周末也要营业的服务业等，要全体一起请假，是不可能的。这种情况下，只要重复多次举办活动就不成问题。

昭和住宅集团中也有经营送餐服务的公司，所以没办法一起举办在外过夜的员工旅行。因此，我们为了让全体参加这个活动，把整个集团的员工旅行分成三批次举行。

开车上下班员工较多的公司在举办空巴的时候，可以尝试导入值班驾驶员机制或者合宿式的集训形式。

Q5 说真话导致争吵怎么办？

回答者：筑地寿司鲜成田仁孝社长

A

之所以会争吵，是因为只是简单地喝酒吃饭，并没有形成稻盛流空巴。空巴的目的是什么呢？今天空巴围绕什么主题展开交流？如果这些要点没有明确，谈话思路不清，就会开始批评对方。

我的寿司店总部在东京筑地，品牌是"筑地寿司鲜"。我也曾经遭受过这种挫败。

遵照稻盛塾长的教导，我开始举办空巴。结果员工之间发生了争吵。这是因为之前我们很少举办酒会，当一起喝酒的机会增加后，过去积累的抱怨一下子爆发了出来。

在寿司匠人的世界里，本来就有很多人喜欢按照自己的好恶判断事物，比如"我不想跟那个人一起工作"之类。几杯酒下肚，就开始激动地争执技巧上的问题，或者你一句我一句地相互谩骂，甚至大打出手。有好几次闹得不可开交，连警车都赶到举办空巴的居酒屋。

原因是经营根基脆弱不堪。过去，我没有理念，不知道为了什么经营公司。在这样的情形下，即便让大家说心里话，大家也不知道应该说些什么，话题应该往哪个方向推进，结果只会发泄不平和不满。

意识到这一点后，我在大家面前宣布，经营公司的目的不是为了成田仁孝社长，而是为了员工幸福。而且，我还制定了事业的目的，那就是通过代表日本文化的寿司料理，为社会做贡献。

还有，为了大家能用"数字"这一相同的语言交流，我公开了所有经营信息。其实，在过去，我不会告诉寿司师傅今天的鱼是多少钱采购来的，也不会告诉他们公司赚了多少钱。以前，员工以为"我们社长一定赚了很多钱"。可是，当公开了数字之后，他们一致表示惊讶："原来我们店铺的租金这么贵！""经营原来这么不容易！"

过去之所以不公开公司的信息，是因为我曾经被背叛过好几次。有些人把部分销售额中饱私囊，也有好几个我亲自精心栽培的人集体辞职。如果他们知道了我的经营方法，岂不是会自立门户，或者会跑到其他老板那里高就——我内心一直抱有这种恐惧。所以，在自我保护的本能下，我把一切都关进黑盒子里，隐藏了所有信息。

匠人还有一种不容小觑的心理，所以，只要紧紧地攥着所有信息，自己就能端着经营者的架子。可结果是"以利交者，利尽则散"。我这个经营者和员工之间完全没有任何感情维系，只要对待遇不满，员工就立马辞职而去。过去我经营企业就这么糊涂。"过去我错了。我想和大家一起经营，所以会把信息公开给各位。为了保障各位的生活，请踏踏实实地提升销售和利润。"

我向员工低下头，思维方式发生了一百八十度的大转变。"为了创造更好的公司，我们应该怎么办"，我意识到了这个问题，并开始给每次空巴设立主题。结果，空巴的品质立马提高了一大截。参加者都能发自内心地认真讨论交流。过去常常骂人打架的员工也都认真专注地投入讨论中。

现在，公司的员工人数约为220人。其中，也有一些员工自立门户，回到乡下开店。不过，作为寿司师傅，拥有自己的店是他们的梦想，我没有权力阻止他们。我一直说："如果想独立的，也可以独立，请在我的公司认真学习经营，将来在地方上开一家出色的寿司店，为地区做贡献。这也是我们公司的理念，就是通过寿司料理为社会做贡献。"

明确经营理念，公开所有信息，不耍手段。就这样明确每次空巴的主题，自然吵架的情况就会逐渐减少，公司也能得到发展。

6 资深干部抵制空巴怎么办？

回答者：博运社真锅和弘社长

A

创业者通常都具备较强的个性，也拥有卓越的组织凝聚力。只不过，副作用是常常培养出一帮唯唯诺诺、墨守成规的员工。所以，当第二任、第三任领导者想对公司进行改革，常常会遭到这些资深干部的反对而寸步难行。我自己就是如此。

我父亲创建了博运社（福冈县志免町）这家运输公司，业务覆盖整个西日本地区。公司大约有 800 名员工。2007 年我担任专务之后，实际上掌握了社长的职权，对公司开始了实质上的领导。当时，我们的销售额虽然由 85% 的运输业务、15% 的仓储业务构成，但大多数利润由仓储业务产生。运输业务由于行业竞争激烈，做赔本买卖是常有的事。我觉得这样做太危险，于是着手改革经营。

父亲喜欢发号施令，大家养成了等待指令的习惯。为了给组织植入经营意识，我首先在干部中间强行推进意识改革。可是，所有干部都有一大把年纪，认为"黄毛小子不要一副了不起的样子"，根本不肯听从于我。他们油盐不进，不肯接受我的想法。为此，我甚至曾在会议中，把烟灰缸向干部掷过去。我再也没有耐心等待，对干部的意识改革灰心失望，认为改变现场人员意识的话，或许能起一些效果。

于是，我开始依次到 30 个营业所举办空巴。我一边喝酒，一边聆听员工讲述工作中的烦恼，并且做出回答，同时也讲述意识改革的必要性。可是，尽管当时多少有心灵相通的感觉，但下一次再来时，却发现一切打回原形，沟通一点也没有加强。

我正觉得奇怪，却了解到"专务举办空巴之后，干部却四处游说否定专务的言论"。甚至还说"专务讲需要改革，但现场很忙，根本做不到，适当地敷衍一下他就可以了，不必真的听进去"。

我在空巴中说"希望大家这样改变"，而其他干部却大唱反调，说什么"不必改变"。现场人员也乐于保持现状，落得个轻松，所以就顺水推舟地附和干部的意见。如果这样，举办空巴就没有意义。

到了这个地步，我终于开始反省。在与现场人员举办空巴之前，应该先与干部举办空巴。跨过干部与员工举办空巴，他们当然会感觉不快。我立即中止了营业所的空巴，然后邀请干部们集中到居酒屋，一开始就向他们致歉。

"过去，一直靠你们支持父亲，支持公司，是我糊涂了，真的十分抱歉。"

当我以感谢之心对待干部时，他们也开始接受我。就这样，在与干部们推杯换盏的过程中，我的经营改革开始获得了他们的协助与支持。过一阵子之后，我重新在营业所举办空巴，意识改革总算开始渗透了下去。

第二任或者第三任领导者也许难以消除对资深干部的畏难心理。可是，如果不与资深干部深度沟通，达成共识，就无法实现与现场的交互，这就是组织。所以，不要逃避，加强交流，争取赢得干部的理解。空巴，就是为此而存在的。

Q7 员工不愿意参加空巴怎么办？

回答者：ASUKA CORPORATION 阪和彦社长

A

我在福冈县直方市经营着一家半导体零部件电镀加工公司。大约有 100 名员工。现在空巴已经成为一种牢固的企业文化，可是在刚刚导入时，很是辛苦。

现在我还记忆犹新的是员工说的话"请不要把工作时间和私人时间混在一起"。我为了员工好，打算推行大家族主义，打算构筑"不是经营者和员工的关系，而是家人一般的关系"，这才举办空巴。可是，却遭到了员工的反对，我感到十分难过。还有，我在中午播放稻盛塾长的讲话磁带，也被员工批评，说什么"不要再放那些奇奇怪怪的磁带"，还有什么"难得有午休的时间，我们想一边自在地吃午饭，一边与同事聊天。不要占用我们的时间"。

可是，这时不能放弃。

首先，我一对一地请员工喝酒。今天是这个人，明天是那个人，我轮流邀请喜欢喝酒的员工。社长请客，喜欢喝酒的人没有理由拒绝。

刚开始的一段时间，我刻意挑起一些员工喜爱谈论的话题，比如"昨晚的电视很好看"之类的。等自然地交谈了一阵子、酒过三巡之后，我才说："我希望公司变成一家好公司，等大家退休时，想想在这里工作了一辈子，真好。所以，我想和大家一起努力。你愿意帮助我吗？"开展说服工作。

每次喝酒大概要花四五个小时。就这样一对一地喝酒，诚恳地交谈，他们也一点一点地接受了我的想法。另一方面，在晨会上，我也坚持不懈地讲述"为伙伴尽力""点燃团队的斗志"等稻盛塾长教导的原理原则。

就这样，员工们的思维方式渐渐地改变了。在白天播放稻盛讲话的磁带，大家也觉得"仔细听下来，稻盛先生讲的话真不错"，都能接受，不再抵触了；而且，也愿意参加空巴了。单靠一句"来参加空巴"，员工是不会听从的，经营者必须放下身段，以员工的视角考虑问题。

即使在频繁举办空巴的现在，我仍然经常使用这个办法。在谈论人生态度、工作方法等之类严肃话题之前，我总是有意识地抛出一些有趣的话题。以前，公司曾经做过兴趣调查，第一位是弹子机，第二位是卡拉 OK。我自己不玩弹子机，但谈论弹子机，或者与大伙儿成群结队地去唱卡拉 OK，的确能够把气氛搞活。

我也曾经彻头彻尾地迁就过员工的兴趣。

过去，一个喜欢职业摔跤的年轻员工主动对我说："总算搞到了传说中的摔跤录影带。"当天虽然是我儿子的生日，但我还是打电话回家道歉："老婆，对不起，今天有工作。"然后在员工的家里一起看录影带。力道山、巨人马场、安东尼奥·猪木……尽管我并不特别喜欢摔跤，但还是陪着员工一直看到深夜，然后和衣小睡一会儿，早晨才回家。

第二天，这件事转眼间传遍了公司。"昨天晚上，社长在我家看了摔跤。"这个员工兴高采烈地对大家说。这件事的影响巨大，从那以后，我和员工之间的距离一下子拉近了，感觉各种措施也都开始运转起来。

在一定程度上与员工加强人际关系之后，下一步可以举办过夜的合宿型空巴，这也不失为一个办法。我们公司导入了"付出不亚于任何人的努力周"这一合宿型空巴。从周一到周五，现场的主管级干部都住在公司里。

周一提出改善方案，周二是 6S（整理、整顿、清扫、清洁、素养、整备），像这样每天定好主题，从晚上 6 点开始举行学习会。晚饭也由当天的炊事组为全体成员准备。吃饭在一起，洗澡也在一起，然后从晚上 11 点开始举办空巴。就这样，大家一起度过紧张的一周后，信赖关系就变得牢靠了。

"请不要把工作时间和私人时间混在一起"，要转变员工的这种抱怨，需要花费很长时间。但不要气馁，只要经营者坚持努力，缩短与员工之间的距离，空巴文化就会在公司里深深地扎根。

Q8 员工不肯透露心中的苦恼怎么办？

回答者：BRONCOBILLY 竹市克弘社长

A

很多时候，虽然导入了空巴，但员工却三缄其口，不肯吐露自己的烦恼。在BRONCOBILLY，空巴的形式是以创业者竹市靖公会长为中心，员工们团团围坐，与竹市先生进行一问一答。只是，我们会长个性很强，也很有领导人的气魄——我想，任何一个创业者都一样——如果放任不管，员工们就会畏缩不前，不肯说话。因此，我们在空巴上下了三个功夫。

BRONCOBILLY 是以爱知县为中心的郊外牛排连锁店，大约有 80 家门店，大多数员工都是开车上下班。临时起意聚餐的话，很难行得通，所以，公司每三个月一次在附近的寺庙运营的学习中心住一夜，举办空巴。每当这时，全体员工集中起来，或者不分地区，按照店长、二把手、三把手等不同管理层级，分成三批集合。按照管理层级划分的原因是他们有共同的烦恼。

店长有管理上的问题，二把手有领导意识的问题，而三把手常在日常工作中存在许多困扰。因为大家都有相同的问题，所以更容易说出口。一般大家都以门店为单位进行活动，但在烦恼和问题上，却按照不同的层级横向贯通，这样更容易得到解决。这是第一个功夫。

第二个功夫是在空巴之前，提供一个让员工体验发表的环节。现在体验发表仅限于店长，挑选出三名业绩好的店长，让他们发表心得经验。不过，发表的课题不会完全扔给店长。因为，业绩发展往往超出当事人的预料，另有理由。

因此，首先由地区经理和店长找出业绩好的原因。再把总结交给培训负责人审阅，如果有地方缺漏，培训负责人与店长确认，再形成发表材料。通过这些步骤，有不少店长惊讶地发现，"原来我们店数字目标完成得好，还有这个原因啊！"

然后，我这个社长也事先到店内访问，基于发表材料，仔细核对店内的运作及氛围、顾客反应等，在会上谈检查当天的感想。听了店长的发表，会长也从经营的角度进行点评。进行到这一步，大家也能从多方面理解业绩好的要素，发表者和听众都完全理解了。

事实上，体验发表和点评这一风格，借鉴的是盛和塾例会稻盛塾长和塾生的互动方式。在例会上进行体验发表的经营者要与盛和塾事务局进行周密细致的互动。充分消化体验发表，并基于发表展开深入的讨论，在这样的基础上直接进入空巴，问答环节就能变得十分活跃。

第三个下功夫的地方，就是在开始空巴之后，不马上进入问答环节。事实上，刚开始的前 20 ～ 30 分钟，大家也没有形成围坐的阵势，而是按照店铺地区划分，每五六人坐一张桌子，给大家充分的时间，研究向会长提出的问题。先由人数较少的小组边喝酒边交流，这样方便让不爱说话的人也能说出自己工作及人生的烦恼。

每张桌都安排了一位地区经理。他们平时常常接触员工，对各人的性格和问题都大致了解，他们善于引导员工说出心里话，并鼓励员工："这是大家都存在的问题，一会儿一定要向会长提出来。"发挥推动员工提问的作用。这些"热身操"与空巴氛围的热烈程度息息相关。

还有，采用这种形式很有好处。这种方式经常会产生许多有代表性的问题，能引起员工共鸣，因此即使员工在空巴中没有机会与会长直接交流，也能保持参加空巴的兴趣。仅仅知道其他人与自己有相同的烦恼，员工的心情都会变得轻松得多。

9 频繁举办空巴，但理念迟迟无法渗透怎么办？

回答者：大峰堂药品工业辻将央社长

A

企业理念迟迟无法渗透的原因大致分为两个。一是举办空巴之前，存在对企业理念理解不足的问题。另一个是领导者自身在空巴中缺少热忱。

首先，要打造与企业员工一同深入交流企业理念的场所。

我在奈良县大和高田市经营一家中成药工厂。为了使员工深入理解"追求全体员工物质和精神两方面的幸福，同时为全人类的社会福利事业做贡献"这一企业理念，2009 年，全体员工一起共同制定了《企业理念手册》。

这本手册中总结了 100 条原理原则，说明了为了实现企业理念，做人做事应采取怎样的思维方式和姿态。

每一条都由全体员工提出并确定。一些借

鉴了稻盛塾长总结的《京瓷哲学》，参考了塾长的人生态度和经营哲学，也有一些是自己提出的想法，比如表示直面困难，决不气馁，积极行动的"办法总比困难多"等。

当全体成员对企业理念有了深入理解之后，我建议第二步应当举办空巴，与员工彻底地讨论。

在完成企业理念手册之后，我在每年的7月和12月，在奈良县某培训中心举办过夜的集训，一年举办两次。在那里，主任级以上的干部，以及被精选出来的年轻员工共计60人汇聚一堂，一起进行"理念渗透学习"。培训的目的是各部门按照企业理念的思路，研讨如何提升利润，把理念落实在数字上。

上午9点到下午6点，研讨如何增加收益。学习结束后，从晚上7点开始，集会的地点转移到大宴会厅，开始进行深度挖掘学习内容的稻盛流空巴。参加者按照部门分桌而坐，边吃东西边喝酒，同时进行热烈的讨论，积极地交换意见，比如"我们（制造部）应该重新审视一下工序""如果请研发部帮忙改变一下药品的制作方法，也许可以减低成本"等。

从晚上 9 点开始，我走上前面的小舞台，把各部门的成员叫过来。自己部门如何实现利润最大化，为此需要什么部门提供支持，成员们纷纷总结好行动计划，而我则给出建议。

最后作为"交杯酒"，在台上部门的所有成员要把杯中的日本酒一口气喝干。每个部门都这样上台发言及喝"交杯酒"。

一轮交杯酒喝过后，接着围绕合作，参加者开始跨部门讨论。

有时空巴一直持续到凌晨 4 点，这种情况并不罕见。没有一个人去睡觉。空巴结束后，甚至有一些部门一夜不睡觉，一直交流到第二天的培训开始。第二天，从上午 10 点到下午 5 点，参加者基于前一天的讨论，继续发表改善方案。

因为我太过投入，每次理念渗透学习结束后，我总会瘦 2.5 千克。过于投入的结果就是学习结束后人就累得倒下了，还曾经被员工抬回家。

在第一天学习开始的一个小时，我总会热情洋溢地讲述举办学习会的目的。事实上，在演讲的时候，我一边在心中默念"把心意传递出去"，一边对着 60 个员工，一个又一个地投以热切的目光。而员工似乎也被我的心情感染，各个部门在发表增加收益的方案时都表现得一丝不苟，异常认真。当然，因为我还要对发表进行点评，或提出建议，所以算起来，作为领导者的我要讲很长时间的话。

还有，在空巴中喝"交杯酒"的时候，我会陪所有部门，而且还会把不能喝酒的员工的那一份也都喝掉，所以最后一个人喝光了一瓶一公升装的酒。

其实我的酒量并不好，可是，我却完全不觉得这是负担。因为，从把员工迎进门的那一刻开始，我就发誓要一辈子照顾他们。如果只是把员工当作棋子，就没必要举办空巴，只要在工作中下指令就可以了。可是，如果把他们当作真正的家人，就能与他们彻夜交谈。只要拥有这种决心，在空巴中真心实意地面对员工，企业理念就必定能渗透下去。

结束语

"有件事我一定要告诉您。"资深的老盛和塾塾生、LEGS 的内川淳一社长在采访中说道。

他告诉了我一个稻盛先生关于盛和塾例会空巴的故事。

那是以前在巴西举办例会时的事。日本也有塾生参加了那次例会，内川社长是其中之一。

借着酒意，会场的气氛高涨。在这样的氛围下，空巴进行到后半场的时候，突然听见一个参加者的喊叫声。

"喂，稻盛！你在搞什么鬼！"

内川社长心想，再怎么发酒疯，也不能这样没大没小，到底是什么事？他忙转头循声望去，只见稻盛先生竟然满脸涂白，嘴唇画得鲜红，若无其事地坐在那里。

当然，整个会场哄堂大笑，在场的所有人都笑翻了。

"平时，稻盛先生对我们而言，就像是教导正确为人之道的菩萨。可这尊菩萨竟然画了个鬼脸。'啊，这个人真的太厉害了。'我不禁想。这不是真的吧！在那一瞬间，他和我们之间，建立起了充满人性的、牢固的纽带。老实说，我当时觉得连自己也做不到这种地步。可是，必须做到这种地步！"

这个故事当中，汇聚了稻盛流空巴的精髓——要与员工心连心。在那一瞬间，稻盛先生向中小企业经营者亲自示范了什么叫作心连心。

平日就像从不妥协的求道者一般严格苛刻，在空巴时却展现其充满人情味的一面，瞬间抓住所有人的心——这种深广的胸怀，正是伟大经营者之所以伟大的原因。

　　经营者是有血有肉的人。他们有喜怒哀乐，有优点也有缺点。让这人性化的一面在空巴中展现，亲切感就会大大提升。充满人情味的经营者和没有人情味的经营者——在朝着目标拼命努力的时候，您希望得到哪一种人的支持？我想答案不言自明。

　　跨越雇主和员工的壁垒，让两者的灵魂融合——这就是稻盛流空巴。如果读完本书，能让您感受到一点点空巴的魅力，我们就做了一件正确的事情。不要等明天，今天开始就举办空巴吧。

译序 空巴体现经营者对员工的爱

　　第一次知道"空巴"一词，是看到日本盛和塾事务局出版的期刊《盛和塾》，之后便在稻盛和夫先生的著作、文章、讲话稿中频频出现。观其字面，似乎是日本年轻人对聚餐、喝酒，甚至男女集体联谊的流行说法，在介绍严肃认真的企业经营之道的文章当中，在年逾80岁高龄德高望重的稻盛先生嘴里，频频出现这样的词语，似乎令人感觉不太协调。

　　但随着对稻盛经营哲学的深入了解，及多

次亲临"空巴"现场，才发现"空巴"可谓稻盛式经营的基础之一，与寻常的聚餐饮酒有着本质差别。全世界京瓷的员工多达数万人，稻盛和夫只有一人，而稻盛经营哲学数十年来，能坚持在京瓷中层层渗透，与京瓷的空巴文化息息相关——从资深京瓷人口中了解这一点后，我便开始探寻空巴的奥秘。那时，《空巴》一书尚未结集出版，于是我先依样画葫芦，开始自己在盛和塾举办的企业家聚餐活动中模仿空巴。刚开始，模仿的都是一些技术层面的。比如设立主持、确定主题、互相祝酒、指名分享……尽管照猫画虎，似乎也取得了一点点成果，这使我对空巴文化产生了更浓厚的兴趣。

不过是喝喝酒，说说话，就有如此威力？在中国企业中，领导请下属吃饭、企业员工聚餐并不是什么稀罕事。空巴与这些喝酒吃饭到底有何不同？带着对空巴的好奇，我开始有意识地在资料和实践中收集相关信息。从表面上看，空巴是变幻多样的，它时而需要固定的流程，时而自由洒脱；它时而庞大，可以数千人抱肩欢歌，时而亲密，只需寥寥数人促膝小酌；它就像一个百变的精灵，为一个又一个团体注入能量，却从不显现其真面目，令人难以捉摸，只可意会，不可言传。正因为如此，每每在谈及空巴时，对着塾生企业家求知的双眼，我都千头万绪，不知从何说起。

恰逢此时，遇见了这一本《空巴》。读完此书，恍若隐没在云雾中的真相呼之欲出，那就是"空巴体现对员工的爱"。100个经营者有100种爱的表达方式，因此，空巴才看起来如此不拘一格，形式多样。

话虽如此，何谓经营者对员工的爱？企业经营管理似乎一直属于理性范畴的事情，突然谈到"爱"，令人有些无所适从。因此，只有先做做看。于是，就有了书中总结的七大空巴原则：全员参加、设立主题、分座位分时间表、斟酒的方式、用自己的语言表达、小结、形态改进等。初试空巴，如无法领会何谓"空巴体现经营者对员工的爱"，不妨依葫芦画瓢，一一尝试。只是，这七条的践行并不能保证空巴的圆满，毕竟，在空巴的意义渗透进全公司之前，还需要经营者以足够的爱和耐心，翻越一个个障碍。

　　为了不让读者的理解流于表面，领会空巴的内涵和意义，作者可谓煞费苦心。书中列举了七个日本盛和塾企业的实例，并通过实际案例，解答举办空巴常见的九大问题。日本盛和塾塾生秉承日式文化精细浅白的传统，把自己企业举办空巴的背景、方法、章程、经过及心理活动，不分巨细和盘托出，可算是一本详尽学习空巴的白描本。七位经营者背景不同，性格各样，空巴的方式也多种多样。有的经营者光着上身跟员工又唱又闹，有的经营者冷静地与干部员工一起分析经营问题，有的经营者甚至连酒也喝不了，只是拿着饮料彻底地充当倾听的角色，可他们身上却有一个共同点，就是发自内心地希望员工幸福，希望与员工构筑起家人一般的信赖关系，有着对员工满满的爱。"经营者就是要自我牺牲，拼命努力，为员工死不足惜""从把员工迎进公司的那一刻起，我就发誓要照顾他们一辈子"——最终，经营者如果无法领悟这一境界，只是教条地从表面上模仿，难免像书中的经营者曾经历的一样，使空巴陷入形式主义，甚至遭到抵制。

当内心有了对员工的大爱，才能严格地提出要求。举办空巴也不例外。单是"全员参加"这一条，稻盛先生和盛和塾的塾生们都耗费了心力，下了无数苦功。员工不愿意参加，不惜半拖半拽，员工时间不方便，不惜在安排上下功夫……一切都是为了包括经营者在内的所有员工，"在一个轻松的氛围中敞开心扉交流，构筑信赖关系"，这是空巴的着眼点所在。

然而，是不是现在对这种"经营者的爱"没有感觉，就不能践行稻盛流的空巴了呢？非也，所谓高手以心修行，低手以行修心。作为普通人的大部分经营者，更应该通过频繁地践行稻盛流的空巴，体会其中深意。更何况稻盛经营哲学本是实践哲学，经营者做得越多，思考越深，收获就会越大。而本书给了探索中的经营者一个较为全面的指南。所以，就像书中结束语所说:"今天开始就举办空巴吧。"

感谢东方出版社的副总编吴玉萍女士给我翻译此书的机会,感谢稻盛和夫(北京)管理顾问有限公司董事长曹岫云老师的校正与指导。谨以此书献给致力发展企业,使员工幸福,为社会做贡献的经营者们。

叶瑜

2016 年 3 月 7 日